우리에게 필요한 리더
다시 링컨

우리에게 필요한 리더

다시 링컨

1판 1쇄 2021년 9월 17일

지 은 이 채복기

발 행 인 주정관
발 행 처 북스토리㈜
주   소 서울특별시 마포구 양화로 7길 6-16 서교제일빌딩 201호
대표전화 02-332-5281
팩시밀리 02-332-5283
출판등록 1999년 8월 18일(제22-1610호)
홈페이지 www.ebookstory.co.kr
이 메 일 bookstory@naver.com

ISBN 979-11-5564-247-4 03340

우리 에게
필요한 리더
다시 링컨

채복기 지음

북스토리

왜 다시 링컨인가

대한민국은 늘 새로운 대통령에 대한 기대가 큰 나라다. 그만큼 국정을 제대로 운영해줄 지도자에 대한 갈증이 매우 크다고 볼 수 있겠다. 그러나 막상 5년에 한 번씩 새 인물을 대통령 자리에 앉혀놓고 나면 대부분 어떠했나? 많은 국민이 실망감에 빠졌다. 때로는 실망을 넘어 냉소로 가득 찼고, 분노한 목소리가 하늘을 찌를 듯 울려 퍼졌다. 사실 이는 대통령 한 사람의 잘못 때문만은 아니다. 대다수 정치 지도자의 리더십 부재에서 비롯된 것이기도 하다. 리더십의 부재, 이것이 늘 우리의 문제이고 숙제다. 이것이 비단 우리나라뿐이겠는가. 어느 나라건 자국의 정치와 경제, 문화와 교육 등 국가 전반의 운영에 대해 이념과 세대를 아우르며 균형과 발전을 이루어나갈 리더십 있는 지도자를 갈망한다.

현재까지도 변함없이 수많은 사람에게 위대한 지도자로 추앙받는 인물이 누군가. 바로 미국의 제16대 대통령 에이브러햄 링컨이다. 왜 그는 여전히 존경받고 있으며, 왜 많은 나라의 국민이 새로운 '링컨'을 찾고 있을까? 무엇이 그를 위대한 정치 지도자로 만들었는가? 한마디로 말하자면, 그것은 바로 강력한 '소통의 리더십'이다. 링컨이 보여준 것이 무엇이었나. 숱한 위기에 처했지만 냉정함을 잃지 않고 정면 돌파하는 용기와 결단력, 그리고 온갖 정쟁의 집중포화 속에서도 포기하지 않는 진정한 리더십이었다. 링컨은 이러한 강인한 소통의 리더십을 바탕으로 갖은 역경을 이겨내며 나라를 하나로 만들었다. 그리하여 우리는 ㄱ의 이 위대한 리더십을 '링컨 리더십'이라고 부르며 배우고 익히기를 간절히 바라게 된다.

특히나 우리나라는 더욱더 링컨 리더십이 간절하다. 여전히 상대방을 깎아내리는 데 여념이 없고 내 편 네 편 따져가며 패거리 정치를 일삼으며 정치판에서 품격과 유머를 찾기가 힘드니 경제는 선진국이되 정치는 후진국인 우리 아닌가.

분열의 세월도 그 정도면 되었다. 이제는 정말로 통합과 화합으로 나아갈 때가 되었다. 시대가 확확 바뀌는 지금은 정말 그래야 하는 시기 아닌가. 또 그래야 국민이 힘을 내고 나라가 힘이 나지 않겠는가. 그러므로 우리야말로 링컨 같은 리더가 절실히 필요하다. 국민이 주인인 나라가 자유민주주의 국가임을 인정한다면 사실 국민 스스로 링컨 리더십을 이해해야 한다. 그리고시 '링컨'이 되고 '링컨'을 키우고 '링컨'을 지지해야 한다. 이것이 필자가 이 책을 집필하게 된 가장 큰 동기이다.

링컨 리더십의 최고 강점은 무엇이었나? 그것은 바로 흔들리지 않고 신념을 지키며 항상 통합에 초점을 맞추었다는 점이다. 이처럼 소신이 있으면서도 조화에 능한 리더십 때문에 링컨 리더십은 시대가 지나고 세상이 바뀌어도 지도자상의 훌륭한 모범이 되고 있다. 《다시 링컨》은 보물같이 귀한 그의 리더십을 우리 시대에 다시 찾아오기 위한 시도이다.

본문에 들어가기에 앞서 링컨(1809~1865)에 대해 간략히 소개한다. 미국의 제16대 대통령(재임 1861~1865) 에이브러햄 링컨은 미국인들이 가장 존경하는 대통령이다. 또한 역사가들에 의해 미국 역사상 가장 위대한 대통령으로 평가받아왔다.

링컨 서거 150주년 때 그의 고향 일리노이주 스프링필드에서 장례식 재연 행사가 열렸다. 1865년 링컨의 장례식이 치러졌던 옛 주의회 의사당, 수만 명의 시민이 그곳에 모여 미합중국을 통합하고 노예제도를 폐지한 위대한 대통령 링컨을 추모했다. 모형 영구차가 당시의 운구 코스를 따라 시내 중심가 기차역에서 옛 주의회 의사당 광장까지 이동하고 운구 행렬이 뒤를 따랐다. 세월이 갈수록 깊어져만 가는 링컨에 대한 사랑을 재확인하는 시간이었다. 이처럼 링컨의 인기와 명성은 사후 150여 년이 지난 지금까지도 수그러들지 않고 있다.

링컨은 노예해방을 선언한 지 2년 만인 1865년 4월 14일 워싱턴 DC 포드극장에서 남부연합군을 지지하던 광신적인 분리주의자 존 윌크스 부스의 총격을 받고 다음 날 사망했다. 스프링필드는 링컨이 20세 이후의 삶을 보낸 곳으로 그의 생가가 있으며 링컨의 시신은 스프링필드의 오크리지 묘지에 안치되어 있다. 온화하지만 강력한 카리스마를 갖춘 세기의 리더가 암살되었으니 이는 수많은 세계사 속 굵직한 사건들 중에서도 무척이나 안타까운 장면이 아닐 수 없다.

많은 사람이 안타까움을 넘어 아직도 링컨을 그리워하고 링컨의 삶을 재평가하고 그와 그의 삶을 더욱 깊이 연구한다. 세계의 많은 정치 지도자들이 링컨에게서 배우고 싶어 한다. 많은 나라의 국민이 링컨 같은 인물이 자신의 땅에 세워지기를 기대한다. 매년 미국에서는 역사학자와 전문가들, 그리고 대중이 재임기간 중의 치세와 업적 등을 종합하여 평가하는 역대 미국 대통령 순위가 발표된다. 지금까지 가장 많이 1위에 오르며 역대 최고 대통령이라 평가받는 이가 바로 에이브러햄 링컨이다. 시대를 초월하여 최고의 미국 대통령으로 꼽히는 것이다.

성공학의 원조인 데일 카네기가 가장 존경하는 위인이라 말하며 자신의 멘토로 삼은 이는 오직 링컨 대통령뿐이었다고 한다.

선 인류에 시내한 영향을 끼친, 미국이 낳은 위인 한 사람만 꼽으라면 누구나 링컨을 꼽을 것이다. 인류 역사 속에는 수많은 영웅이 지나갔다. 하지만 비단 미국뿐 아니라 세계에서 존경받는 지도자로서 링컨만큼 우리 가슴속에 깊이 남아 있는 영웅은 아마 없을 것이다.

《다시 링컨》은 링컨에 관한 일반적이고 보편적인 내용을 담은 진부한 책이 아니다. 링컨 대통령의 일대기만을 담은 단순한 전기도 아니다. 물론 이 책에는 링컨의 전기가 많이 실려 있기는 하지만 보통의 일대기와는 사뭇 다른 점이 있다. 그것은 바로 링컨의 삶을 우리 삶에 적용해보고자 했다는 점이다. 아울러 대한민국의 대통령뿐 아니라 국회의원 등 모든 정치 지도자에게 대입해보고자 했다.

필자는 링컨의 삶이 우리에게 새로운 희망과 용기를 불러일으켜주기를 소망하며 이 책을 썼다. 집필 작업을 하는 중에 시종 많은 독자가 링컨의 리더십과 삶의 자세를 배우기를 기대했다. 책을 보면서 링컨 리더십을 국민 각자의 삶에, 그리고 우리가 추구해야 할 지도자상에 투영해보기를 바란다. 그리하여 우리 대한민국에도 링컨과 같은 지도자가 세워지기를, 그래서 더 이상 우리 국민이 고통 속에서 살아가지 않기를 소망한다. 기본 덕목과 자질을 갖춘 지도자를 뽑아 정치에 대해, 사회에 대해 좌절하고 신음하는 모든 국민이 더 행복한 삶을 영위해나가기를 바라는 충심으로 글을 써내려갔다.

특히 우리네 인생이 힘들고 지칠 때마다 이 책을 통해 자기계발을 할 수 있도록 구성해보았다. 필자는 특별히 우리 지도자와 우리 국민이 링컨의 삶에서 보듯이 올바른 판단력과 분별력을 키울 수 있기를 바란다. 판단력과 분별력은 살아가는 데 있어서 최고의 자산이기 때문이다. 이러한 삶의 지혜를 겸비한 링컨은 여전히 우리를 이끈다. 다시, 링컨을 만나자.

CONTENTS

1부

역경과 고난으로
시작하다

가난한
통나무집 소년

> 영웅과 위인은 모두 가난 속에서 태어났다.
> 성실 근면하며 자신의 일에 최선을 다한다는 정신만 있으면
> 가난한 집 아이들도 반드시 성공할 수 있다.
>
> — 링컨

미국 역사상 가장 부자 대통령은 누구였을까? 도널드 트럼프이다. 그의 재산은 퇴임했을 당시 무려 28억 달러에 달하는 것으로 추정되었다. 그렇다면 가장 가난한 대통령은 누구일까? 에이브러햄 링컨이다. 그의 전 재산은 20만 달러에 불과했다. 링컨은 가장 가난했지만 가장 많은 업적을 남긴 대통령이다. 그의 어린 시

절을 보자.

1809년 2월 12일 일요일 아침, 미국 켄터키주에 있는 아주 작은 시골마을 라루 카운티Larue County의 호젠빌Hodgenville에서 조금 피부가 검은 한 아이가 태어났다. 숲속에 통나무집을 짓고 살던 가난한 개척민의 아들이자 장래의 미국 대통령이 태어난 것이다. 링컨이 태어난 그해는 미국이 독립한 지 만 33년이 된 해였다.

사실 링컨의 아버지 토머스 링컨Thomas Lincoln은 켄터키주에서 열다섯 번째 가는 상당한 부농이었다. 하지만 링컨이 태어났을 때는 이미 아버지가 세 번의 파산 신청을 한 후라 지독하게 가난한 가정환경에서 자라게 되었다. 아버지가 손수 지은 통나무집에서 어머니(낸시), 누나(사라)와 함께 네 식구가 살았다. 사는 곳이 워낙 시골 개척지라 주변에 이웃이 없어 두 살 터울의 누나와는 둘도 없이 친하게 지냈다. 특히 호젠빌은 어느 지역보다 나무와 숲이 울창한 시골마을이라 링컨은 숲속 사슴과 다람쥐, 꿩, 토끼를 친구 삼아 어린 시절을 보냈다. 숲속에는 곰을 비롯한 야생짐승이 가끔 어슬렁거리기도 할 정도로 깊숙한 시골에서 링컨은 성장기를 보냈다.

링컨의 조상에 대해서는 알려진 바가 그리 많지 않다. 역사학자들이 그의 조상을 추적해보았는데 사무엘 링컨이라는 인물을 발견하는 정도에 그쳤다. 조부 사무엘 링컨은 1637년에 영국 노퍽Norfolk에서 이민 와서 미국 매사추세츠주에 정착한 직조공 즉 섬

▲ 링컨 로그 캐빈 스테이트 파크에 있는 토머스 링컨이 지은 통나무집

유노동자였다고 한다. 나중에 사무엘 링컨은 가족을 이끌고 켄터키주로 이주했다. 그에게는 세 아들이 있었는데 막내 토머스 링컨이 에이브러햄 링컨의 아버지이다.

링컨이 태어난 1809년만 하더라도 여기저기 벽돌집이 하나둘 생길 때였지만 몹시 가난했던 링컨의 집은 여전히 오래된 통나무집이었다. 집은 산과 산 사이 계곡 근처에 위치해 있어서 여름에는 계곡물이 넘쳐나기도 했다. 겨울에는 조그마한 난로가 있긴 했지만 눈보라 지는 숲속에서 안방까지 꽁꽁 얼어붙는 매서운 동절기를 보내야만 했다. 도무지 희망이라고는 보이지 않는 척박한 자연환경과 싸우며 가난한 시골의 삶을 견뎌내야만 했던 것이다.

링컨의 아버지는 지식이나 교육보다 노동의 가치를 중시한 사람이었다. 그는 공부가 아닌 노동의 길을 강요하며 때로는 링컨에게 생계의 짐을 지우기도 했다. 50세까지 소작인이었던 링컨의 아버지는 아들이 그나마 보수가 좀 더 나은 목수가 되기를 늘 원했다.

링컨은 어릴 때부터 유난히 키가 크고 말랐는데 집에서 옷을 제대로 사주지 못해 늘 작은 옷을 입고 다녔다. 그의 어린 시절은 가난한 살림에 하루 종일 농사일과 허드렛일로 쉴 틈 없는 바쁜 생활의 연속이었다. 요샛말로 흙수저의 인생이었다. 부모님이 도와준다고는 하지만 마음껏 뛰어 놀아야 하는 어린 나이에 땅을 개간하고 농작물을 심고 수확을 거두는 일은 결코 쉽지 않았을 것이다.

어린 나이의 링컨에게는 그 같은 가난의 역경을 이겨낼 만한 힘이라고는 아무것도 없었다. 하지만 그는 단 한 번도 가난에 대해 원망하거나 불평하지 않았다. 링컨에 관한 수많은 책과 자료를 보아도 부모를 원망하거나 자신이 처한 환경과 조건에 대해 불평했다는 기록을 전혀 찾아볼 수가 없다. 비록 가난했지만 우직하고 성실한 아버지와 신앙심이 깊고 자상한 어머니, 세상에서 가장 따뜻하고 이해심이 많았던 두 살 터울 누나의 사랑을 받으며 오히려 가난을 행복으로 여겨 감사하며 살았던 것이다. 가난을 팔자로 치부하며 잘못된 삶을 살아가는 사람들에게 많은 것을 생각하게 해주는 링컨의 어린 시절이다.

사람이란 그렇다. 지독하게 가난하게 태어나면 불평불만을 마음에 지닌 채 살아가는 경우가 많다. 자기도 모르게 불온한 사상을 품을 수도 있으며, 불우한 환경을 탓하며 반사회적인 성격으로 변할 수도 있다. 가난의 한을 풀겠다며 수단 방법 가리지 않고 막 사는 사람도 있을 것이다. 가난을 빙자해 신세 한탄을 하며 게으름의 극치로 인생을 되는 대로 살아가는 이도 있을 것이다. 이들은 모두 자신에게 주어진 환경을 탓하고 세상을 비관하며 소중한 삶을 자포자기한 사람들이다. 가난을 극복하고자 노력하지 않는 부끄러운 사람들이다. 지금 이 땅에는 이와 같이 물질적인 가치와 정신적인 가치의 균형이 깨어져버린 사람이 얼마나 많은지 모른다.

모든 사람이 오늘보다 나은 내일을 원한다. 보다 행복한 삶을 누리기 위해 하루하루 희망을 품고 살아간다. 그러다가 문득 '내가 너무 가난하게 태어났다' 혹은 '부모에게 물려받은 유산이 보잘것없다'는 생각이 들 때가 있다. 그 한때의 불평불만이 점점 커져서 지금 내가 이룬 게 아무것도 없다는 생각까지 하게 되는 순간이 올 수 있다. 그렇게 인생이 허무하다는 말만 되뇌다가 자신과 세상을 원망하고 비관하며 살아가는 사람들이 있다. 그러다가 안타깝게도 자살하는 사람도 생기는 것이다. 사람이 자살하는 것은 불확실한 미래에 대한 두려움 때문이 아니다. 오히려 지나치게 확실하게 보이는 미래가 너무 절망스러워서 죽음을 택하는 것이다. 희망이 없으니 암울하게 느껴지는 현실을 악착같이 참고 견뎌내야 할 이유를 찾을 수 없는 것이다. 그러나 이들은 그저 돈을 인생의 희망으로 여기는 사람들이다.

지금 우리가 살아가는 이 세상은 너무나 많은 것이 부富로 환산되고 있는 곳이다. 지금 이 시간에도 많은 사람이 돈을 좇아 숨가쁘게 달려가고 있다. 삶을 돈으로 환산하며 살아간다. 그래서 내가 원하는 만큼 이루어지지 않고 있을 때 제일 먼저 나를 원망하고 그다음 환경과 세상을 비관한다. 지금 내가 가지고 있는 것만이 인생의 행복을 만들어주는 것으로 착각하면서 소유에 유린당하며 살아가고 있는 것이다. 지금 내 삶에 없는 것들에 대한 후회가 싹트고 그 감정에 여전히 얽매여 있다면 더 이상 아무것도 발전시켜나갈 수 없을 것이다. 이쯤에서 생각을 바꾸어야 한다. 비록 내가 가지고 있는 것이 좀 부족하다 할지라도 그것이 나의 능력이고 나의 미래를 채워줄 자산이 된다는 생각으로 말이다.

수많은 영웅과 위인은 대부분 가난 속에서 태어났다. 하지만 그저 헛되이 가난과 고생을 슬퍼하거나 역경을 맞아 울기만 하지 않았다. 미래의 밝은 빛을 향해 준비하고 노력하며 기어코 성공을 쟁취했다. 미국의 제31대 대통령 허버트 후버는 고아 출신이었다. 세계적인 문호 도스토옙스키는 아주 가난하였으며 끊임없이 빚쟁이들의 위협에 시달렸다. 하지만 그들은 그 열악한 환경과 조건 속에서 자신의 능력을 만들어낸 사람이다. 가난에 대한 그들의 생각은 달랐다. 그들은 가난을 기회로 삼았다. 그들의 삶에서 우리가 눈여겨보아야 할 것은 무엇인가? 가난하다는 이유로 돈을 좇지 않았다는 것이다. 그들은 꿈을 좇았고 가난은 아무런 장애가 되지 않았다. 이는 빛나는 가치 대신 권력과 돈, 두 가지를 탐하는 데 혈안이 되어 있는 대한민국의 일부 정치 지도자들에게 경종을 울려준다.

가난의 역경을 이겨낼 만한 힘이라고는 아무것도 없는 어린 나이의 불쌍한 링컨이었지만 그는 단 한 번도 자신을 원망하거나 세상을 향해 손가락질하지 않았다. 링컨은 지독히도 가난했지만 오히려 가난을 행복으로 여겨 감사하며 살아왔다. 링컨의 어린 시절을 보면서 그가 어떻게 그 역경을 이겨내고 우뚝 설 수 있었는지, 무엇이 그로 하여금 미국의 가장 위대한 대통령이 될 수 있게 하였는지 생각해보게 된다. 올바른 가치를 설정하고 그것을 추구하기 위해 인생의 시련마저 기회로 삼는 것. 링컨에게는 또한 감사가 있었고 긍정이 있었다. 단지 가난을 극복했다는 점이 아니라 가난에 대한 생각이 어떠했는지, 가난을 통해 무엇을 추구했는지, 그것이 중요할 것이다. 링컨처럼, 빛나는 가치를 따라 역경을 이겨내며 살아온 인물을 대통령으로 세우는 축복된 날이 우리 대한민국에도 하루 속히 오기를 기대한다.

최종학력
초등학교 중퇴

> *소년 시절의 고생은 용기와 희망과 근면을 배우는*
>
> *하늘의 은총이라 생각해야 한다.*
>
> *– 링컨*

에이브러햄 링컨이 학교 교육을 제대로 받지 못했다는 것은 널리 알려진 사실이다. 집이 가난하여 어려서부터 집안일을 하고 농사를 도와야 해서 제대로 된 교육을 받을 수가 없었다. 그의 학력은 정말 보잘것없다. 정규교육이라고는 8년 동안에 걸쳐 산발적으로 다섯 차례의 학교 교육을 받은 것이 전부이다. 켄터키에서 두 번, 인디애나에서 세 번 정도다. 그것도 잠시 다니기는 했지만 띄엄띄엄 다닌 학교라 제대로 다닌 기간은 10개월도 채 안 된다. 끝내 초등학교 중퇴가 그의 최종 학력이 되었던 것이다. 결국 그는 스스로 배우면서 습득해나가야만 했다.

어린 시절 그에게는 늘 학력 콤플렉스가 있었다. 게다가 책도 몇 권밖에 갖고 있지 않았다. 어머니가 물려준 성경책과 이솝우화, 그리고 《천로역정》과 기초수학, 셰익스피어 작품 등 고작 네다섯 권 정도였다. 그래서 그는 읽고 또 읽었다. 그 책들로 배우고 익혔다. 그런 가운데서도 링컨은 학력의 한을 풀기 위해 수학 역사상 최고의 책이라 불리는 유클리드의 《원론》이라는 책을 읽기 시작했다. 《원론》은 어떠한 책인가? 고대 그리스의 저명한 수학자인 유클리드가 기원전 3세기에 집필한 《원론》은 무려 열세 권으로 구성된 가장 어렵고 복잡한 세계 최초의 수학 교과서이다. 하지만 그는 그 어렵다는 《원론》을 다섯 번이나 읽어 달달 외운 후 비로소 학력 콤플렉스를 완전히 떨쳐버렸다고 한다.

그의 유명한 게티즈버그 연설에서 나온 훌륭한 말이 모두 자신이 읽은 책들에서 나온 것이라고 고백하기도 했다.

링컨은 자신의 학력과 관련해 이렇게 말한 바 있다.

"그곳은 숲속에 아직도 많은 곰이며 다른 짐승들이 살고 있는 미개한 땅이었다. 거기서 나는 성장했다. 학교라고 불리는 것도 몇 개 있었지만 교사는 읽고 쓰고 주판을 다룰 줄 안다는 것 이상의 자격은 필요 없었다. 만일 라틴어를 아는 사람이 길을 잃고 부근에 묵고 있는 일이라도 있었다면 그 사람은 마법사라고 생각되었을 것이다.

교육에의 의욕을 불러일으키는 것이라고는 아무것도 없었다. 나는 아는 것이라곤 별로 없었다. 나는 어떻게 해서 읽기, 쓰기, 곱셈, 나눗셈 정도는 할 줄 알았지만 고작 그게 다였다. 나는 그 이후에는 학교에 다닌 적이 없다. 그때 받은 교육을 기초로 현재는 다소 학력이 진보되었지만 그것은 내가 필요해서 그때그때 알아낸 것이다."

이것이 그가 다닌 '상상의 학교' 전부였던 것이다. 사실 그 당시 미국에서 초등학교 중퇴라는 것은 별 큰 약점은 아니었다. 당시 동부 일부 지역은 그나마 인구밀도가 조금 높았지만 그 외 다른 지역들만 하더라도 전반적으로 인구밀도가 상당히 낮았다. 그래서 서로 아주 띄엄띄엄 사는 동네가 많았다. 더군다나 작은 마을의 학교에는 보통 한 명의 교사가 나이 차이가 많이 나는 여러 학생을 모아놓고 초등교육에서 중등교육 초반에 이르는 과정을 가르쳤다. 그러니 지독하게 가난했던 링컨이 초등학교를 중퇴할 수밖에 없었던 건 어쩌면 당연하기도 했을 것이다. 정규 교육과정 자체가 모든 국민에게 적용되어 사회화 과정이자 공적 학력의 척도가 된 오늘날의 교육과 비교하기는 좀 맞지 않는 실정이기도

하지만, 초등학교도 졸업하지 못한 그가 변호사가 되었다는 것 하나만으로도 우리는 그의 집념과 열정을 높이 평가해주어야 할 것이다.

그렇다. 그를 세상의 중심으로 우뚝 세운 것은 바로 공부를 향한 집념이었다. 또한 어릴 때부터 확고한 꿈을 가지고 있었기 때문이다. 그는 학벌이 운명을 결정한다고 생각하지 않았다. 링컨은 공부를 해야 자신의 꿈을 이루고 성공적인 결실을 맺을 수 있다고 굳게 믿었다.

이러한 공부에 대한 그의 뜨거운 열정과 확신이 그 어려운 셰익스피어 전집까지 읽게 만들었던 것이다. 사실 웬만한 사람들도 셰익스피어 전집을 읽는다는 것은 아주 어려운 일이다. 하지만 링컨은 셰익스피어 전집을 거의 외우다시피 했다. 그의 독학은 전문가 수준이었으며 글솜씨는 신문사에 수필가로 등단할 정도였다. 틈틈이 법률 책을 읽은 것은 훗날 변호사가 되는 데 결정적인 역할을 하기도 했다. 성경 지식 또한 신학자 수준이었다고 한다.

링컨은 스무 살 때까지 농기구를 잡지 않은 날이 없을 만큼 고생했다. 또 학교 공부는 모두 합해서 1년 정도밖에 할 수 없는 불우한 환경에서 자랐다. 그럼에도 모든 공부를 독학으로 하면서 변호사 자격을 따고 미국의 제16대 대통령까지 되었다. 링컨은 57세로 암살당하는 순간까지 주변의 모든 사람과 사물을 통해 늘 배우는 자세로 살았다. 단지 학력만을 중시하는 오늘날의 우리 사회에 링컨의 이런 모습은 진정한 배움이란 무엇인가를 일깨워준다.

우리는 학력이 그 사람의 전부를 평가한다는 식으로 이상하게 변해버린 기형적인 사회에서 살아가고 있다. 자신의 노력, 그 과정을 중시하기보다 그저 학벌 자체에 대한 열망이 너무 큰 사회가 되어버렸다. 조금 거칠게 표현하자면 우리 한국 사람들의 눈을 한 번 더 껌뻑이게 만드는 것이 바로 일류대학 졸업장이다. 바로 획일주의에서 오는 모순으로, 학력이라는 한 잣대로 사람을 평가하는 것은 매우 위험한 발상이다. 사회가 그러하다고 거기에 반드시 발을 맞추어 나가야 한다고 하는 각자의 잘못된 생각도 문제다. 우리는 이 점을 인지해야 한다. 사람이 모여서 형성하는 것이 사회 아닌가. 사람들의 생각이 고쳐져야 사회도 바뀐다. 사회 분위기가 그렇다 보니 심지어 아무런 양심의 가책도 없이 자신의 학력을 세탁하기 위해 돈을 주고 쉽게 가짜 졸업장을 사는 사람들까지 나타난다.

물론 학력이 중요하지 않다는 말은 아니다. 중요하다. 하지만 그것보다 더 중요한 것은 지금 내가 이루고자 하는 꿈을 위해 어떠한 가치관을 품고 있느냐, 그리고 그 가치를 위해서 지금 얼마나 노력하고 있느냐 하는 것이다. 좋은 목적을 정하고 꿈을 이루기 위해 노력하는 과정이 훨씬 더 중요하다는 소리다. 초등학교를 졸업하지도 못한 사람이 변호사가 되고 미국의 대통령이 되었다. 그 이면에는 자신과의 숱한 싸움에서 이기기 위한 끊임없는 인고와 노력의 과성이 있었음은 말할 나위도 없을 것이다. 링컨은 끝없이 도전했고 노력했다. 이는 오늘날 노력은 하지 않은 채 성공의 열매만 따 먹겠다는 사람들에게 경종을 울린다.

이 세상에는 자신이 공부한 만큼 살아가는 사람은 아주 극소수이다. 대학 졸업장을 가졌다고 자신이 원하는 직장에 들어가는 것도 아니다. 대학도 사실 스스로 동기부여가 되어 있어야 제대로 들어갈 수 있는 것이다. 자신이 나아가고자 하는 길에서 창의적인 사고를 이끌어낼 수 있다는 분명한 판단을 가지고 대학을 가야 하는 것이다. 부모나 주위 사람의 지시와 바람만 따라서 대학을 간다는 것은 엄청난 물질과 시간의 낭비다. 자칫 대학 졸업장이 빚 문서가 될 수도 있다. 한국만큼 대학을 많이 가는 나라는 지구상 어디에도 없다. 국민들이 대학을 가지 않고도 자신이 좋아하고 잘하는 전문 분야를 배워 한국보다 잘사는 나라가 많다.

다행히 요사이 학벌과 스펙이 아닌 직무 역량을 우선으로 하는 회사가 점점 늘고 있다고 한다. 이러한 긍정적인 변화가 여기저기서 나타나고 있는 것은 아주 고무적인 현상이다. 궁극적으로 학력보다 실력을 중시하는 사회가 되어야 한다. 이러한 인식의 변화가 선행되어야 한다. 그때 우리 각자는 자신이 이루고자 하는 꿈을 더 크게 품을 수 있게 될 것이다. 그렇다. 이제는 무조건 학력만이 자신의 인생을 일으켜주리라 여기는 고정관념을 부숴버려야 할 때이다. 학력 때문에 주눅들어 살아갈 필요가 전혀 없다는 것이다.

다시 한번 나 자신을 생각해보자. 그동안 나는 어떠한 가치를 품고 살아왔는가? 무엇을 개척하고자 했는가? 그토록 내가 갈구하고 만들고 싶어했던 인생은 도대체 어떤 것이었는가? 그러한 인생을 살아가기 위해 이제부터 나는 어떻게 해야 할 것인가? 이 질문에 답하려면 먼저 '지금 나는 그 일을 위해 심장이 쿵쾅쿵쾅 뛰게끔 각고의 노력을 하고 있는가?'라고 스스로에게 물어보아야 한다. 지금 노력하고 있는 것들이 당장은 결과로 나타나지 않겠지만 시간이 지나면 반드시 성공으로 돌아올 것이라는 확신을 가지고 앞으로 나아가야 한다. 이것이 학벌보다 훨씬 중요한 일이다.

링컨, 그에게는 제대로 된 교육을 받을 기회라곤 없었다. 하지만 그는 학력 콤플렉스를 극복하기 위해, 그리고 인생의 열매를 맺기 위해 분명한 가치관과 꿈을 품고 끊임없이 준비하고 노력했다. 자신이 추구하는 가치와 신념에 부합하는 노력을 멋지게 해나갔다.

"나는 결코 배우기를 멈추지 않으리라. 계속 배우면서 나를 갖추어나갈 것이다. 그리고 만나는 사람마다 교육의 기회로 삼을 것이다. 나는 기회가 올 것에 대비하여 배우고 언제든지 일에 착수할 수 있는 태도를 갖출 것이다."

닝컨은 배움에 대한 이와 같은 다짐을 실천에 옮긴 사람이다. 그는 학교 교육을 제대로 받지 못하여 학업이 부족한 자신의 약점을 오히려 기회로 삼아 그것을 강점으로 만들기 위해 날마다 책을 읽었다. 자기보다 지위가 낮은 사람이나 훨씬 젊은 사람에게도 겸손한 마음으로 배우기를 힘썼던 멋진 사람, 링컨 대통령의 삶에서 우리는 진정한 배움의 자세를 배워야 할 것이다.

외모
콤플렉스

사람은 마음먹은 만큼 행복해진다.

– 링컨

링컨을 열렬히 지지하던 사람들조차도 링컨의 얼굴은 참 못생긴 편이라고 인정했다. 팬들이 그 정도였으니 본인도 그렇게 느낄 법했다. 실제로 링컨은 까무잡잡한 피부에 원숭이를 닮은 자신의 외모에 대해 콤플렉스가 많았다. 특히 헝클어진 검은 곱슬머리와 주름진 진갈색 피부의 얼굴, 깡마르고 푹 꺼진 눈, 유난히 튀어 나온 광대뼈 등 전체적으로 슬픔이 가득해 보이는 그의 얼굴은 링컨을 나이보다 훨씬 더 늙어 보이게 만들었다. 거기에다 너무 큰 키(197센티)에 비해 비썩 마른 제구의 설음설이는 매우 독특했는데 25년 동안 살아왔던 스프링필드에서는 모르는 사람이 없을 정도로 우스꽝스러웠다고 한다. 더구나 시골에서 올라온 사람인지라 미국 남부 특유의 사투리가 약간 섞인 억양은 너무 매력이 없었다. 특히 수염이 없을 때 링컨의 얼굴은 좋은 인상은 아니었다. 결국 그는 사람들에게 호감을 살 만한 따뜻한 인상을 만들고자 턱수염을 기르게 되었다. 우연인지 운명인지, 뉴욕주에서 공화당 대통령 후보로 연설할 때였다. 열한 살의 그레이스 베델이라는 소녀가 링컨에게 한 장의 예쁜 편지를 보냈다.

"링컨 아저씨, 저는 아저씨가 참 좋아요. 그런데 아저씨는 얼굴이 너무 못생겼어요. 턱은 주걱턱이고 눈은 움푹 들어갔어요. 광대뼈는 왜 그렇게 뾰족 튀어나왔나요. 우리 동네 어른들도 아저씨가 너무 못생겨서 싫다고 해요. 그래서 제 생각에는 수염을 길러서 못생긴 얼굴을 가리면 좋을 것 같아요."

소녀의 편지를 받고 기르기 시작한 수염이 결국에는 링컨의 트레이드마크가 되었고, 수염을 기른 덕분에 1860년 대통령 선거에서도 좋은 인상을 남겨 승리하게 되었다는 말까지 나돌았다.

링컨의 외모는 늘 그의 고민거리였다. 하지만 그는 외모 콤플렉스를 오히려 자신의 장점으로 만들어나간 특별한 사람이다.

변호사 시절부터 링컨의 외모를 무시하고 비하하는 스탠턴 변호사가 있었다. 스탠턴은 명문대를 수석으로 졸업하고 정치인으로서도 승승장구한 인물이었다. 스탠턴이 변호사 사무실을 운영하고 있을 때 이웃에 독학으로 공부하여 변호사가 된 시골뜨기 청년 링컨이 변호사 사무실을 개원했다. 스탠턴은 자주 링컨을 조롱하며 때로는 맹비난에 독설도 서슴지 않았다.

"우리는 고릴라를 만나기 위해 일부러 아프리카에 갈 필요가 없습니다. 일리노이주 스프링필드에 가면 링컨이라는 고릴라를 만날 수 있으니까요. 하하하."

사람이 사람의 신체를 가지고 비하하면 안 된다. 특히 신체 조건을 가지고 놀리는 것은 아주 비열한 행동이다. 스탠턴은 다른 것도 아니고 상대방의 생김새를 가지고 놀렸던 사람이다. 하지만 링컨은 대통령이 된 후 그의 능력을 높이 사 남북전쟁 때 국방장관으로 임명한다.

링컨은 원숭이를 닮은 듯한 얼굴 때문에 못생겼다는 지적을 그렇게도 많이 받았지만 "사람은 나이 마흔이 되면 자기 얼굴에 책임을 져야 한다"는 명언을 남긴 사람이 바로 링컨이기도 하다. 외모가 경쟁력인 이 시대에 외모 콤플렉스를 해결하기 위해 온갖 수단 방법 가리지 않는 오늘날의 우리로서는 외모 콤플렉스를 가진 얼굴로 대통령이 된다는 것은 불가능한 일로 생각될 수도 있을 것이다. 하지만 링컨이 증명했듯 그것은 잘못된 생각이며 오히려 외모 콤플렉스를 자신의 장점으로 승화시킨 링컨이 우리에게 여러 가지 생각을 하게 해준다.

사실 링컨은 스탠턴 말고도 많은 사람에게 무시당했다. 특히 더글러스 의원은 다른 자리도 아닌 상원의원 연설에서 "링컨은 두 개의 얼굴을 가진being two-faced 이중인격자입니다"라며 공격했다. 그러자 링컨은 이렇게 답했다.

"더글러스 후보가 저를 두고 두 얼굴의 사나이로 몰아붙이고 있습니다. 좋습니다. 그의 말이 사실이라면 여러분께서 잘 생각해보시기 바랍니다. 만일 제가 두 얼굴을 가졌다면 오늘같이 이렇게 중요한 연설을 하는 날, 왜 이렇게 못생긴 얼굴을 가지고 이곳에 나왔겠습니까? 이왕이면 좀 더 잘생긴 얼굴을 가지고 나와야지요."

이렇게 아주 재치 있는 말로 답변한 링컨은 그날 오히려 더 많은 군중의 마음을 사로잡았다고 한다.

우리가 살아가면서 어떠한 방식으로든 외모를 보기는 한다. 안타까운 것은 우리가 외모지상주의라는 말에서 보듯이 외모가 우리 인생을 좌우하는 것처럼 보이는 세상에서 살아가고 있다는 것이다. 하지만 분명한 것은 외모가 나의 인생까지 좌지우지할 수는 없다는 점이다.

물론 외모를 가꿀 수 있다면 열심을 다해 가꾸어야 한다. 그렇지만 단순히 육체적으로만 가꾸어서는 안 된다. 에너지 넘치고 명랑 쾌활하며 자신감 있는 밝고 당당한 외모로 바꾸어야 한다.

이렇게 매력 있는 사람으로 사기 자신을 바꾸어나가야 한다. 생김새는 선천적으로 타고나는 것이지만, 매력은 후천적으로 만들어나가는 것이다. 사람들이 잘생긴 사람보다 매력 있는 사람을 더 좋아하는 이유가 바로 여기에 있다. 매력은 그 사람이 살아온 인생을 반영하기 때문이다.

우리는 매력이 있는 사람을 보고 "저 사람은 못생겼다"라고 말하지 않는다. 매력은 그 사람의 외모를 초월하기 때문이다. 링컨은 외모를 가지고 자신의 신세를 한탄하거나 원망하지 않았다. 오히려 재치 있고 유머러스한 멋진 대답으로 그의 생김새를 장점으로 만들었다. 한편으로는 인상이 좋아 보이게 하려고 얼굴의 일부를 수염으로 덮으며 자신의 얼굴에 매력을 부여했다.

부족한 생김새마저 자신의 당당한 장점으로 만들어나간 것이 바로 링컨의 장점이자 매력이다. 만약 그가 자신의 외모에만 집착해 세상과 사람을 바라보는 시각이 조금이라도 비관적이었다면 대통령으로 가는 데 있어서의 모든 큰 기회를 다 놓쳐버렸을 것이다.

그렇다면 링컨은 우리에게 무엇을 말해주는가? 외모 때문에 더 중요한 것을 놓치는 우를 범해서는 안 된다는 것이다.

내 인생에서 외모에 대한 나의 느낌을 긍정적으로 만들 수도 있고 부정적으로 만들 수도 있다. 그리고 나의 외모보다는 현재 나의 가치관이 훨씬 중요하다. 내 삶이 행복하면 못생긴 외모에 대해서도 만족하고 감사하는 마음이 생기기 마련이다. 반면 삶이 불행하면 아무리 아름다운 외모를 가지고 있다 해도 그에 불만을 갖게 되어 있다. 특히 외모에 불만을 갖게 되면 시간이 갈수록 이런 감정은 더 안 좋아질 수 있다. 나이가 들어가면서 외모에 대한 불만은 점점 커질 수밖에 없기 때문이다. 생로병사는 인간이 피할 수 없는 인생의 과정이고 결국 노화를 막을 길은 없지 않은가. 노화를 막아보겠다고 성형수술에 집착하는 사람도 많지만 그러다가 자신의 매력을 잃어버리는 안타까운 경우가 생긴다.

외모에 목숨을 건다는 것은 참으로 안타까운 일이다. 외모는 바꾸는 것이 아니라 극복하는 것이다. 더 나아가서 외모의 단점을 장점으로 만들어나가는 것이다. 즉 외모의 단점을 나의 개성, 나의 매력으로 만들어가는 노력을 해야 한다. 사람이란 그렇다. 철이 들어갈수록 외모에 대한 기존 관념에서 많이 벗어나게 된다. 그래서 삶은 시간이 지날수록 재미있어지는 것이 아닐까.

그러니 더 이상 외모로 사람을 판단하지 말자. 외모로 사람을 판단하는 세상을 원망하지도 말자. 오히려 매력 있는 모습으로 세상을 이겨나가는 멋진 사람이 되자. 이것이야말로 자신의 외모에 대한 기본적인 예의이며 인간으로서 기본자세 아닐까. 자신의 외모보다 훨씬 멋지게 산 링컨 대통령의 삶처럼 말이다.

실패를
밥 먹듯이 하다

내일은 또 내일의 날이 있으니까 용기와 힘을 갖자.

– 링컨

미국 역사상 가장 위대한 대통령으로 손꼽히는 에이브러햄 링컨도 아주 오랜 세월 동안 수많은 실패를 겪었다. 그에게 따라붙은 수식어가 스물일곱 번의 실패를 경험했다는 것이다. 한마디로 실패가 따라다니는 사람이었다. 링컨의 대표적인 실패 경험을 이야기하자면 다음과 같다.

- 23세에 야심차게 시작한 첫 사업에 실패하다.

- 24세에 주의회 선거에 처음 나가 낙선하다.
- 25세에 또다시 시작한 사업이 파산으로 이어지면서 무려 17년간 빚을 갚아나가다.
- 30세에 주의회 의장직 선거에서 낙선하다.
- 32세에 정부통령 선거위원에 출마했다가 낙선하다.
- 35세에 하원의원 선거에서 낙선하다.
- 36세에 하원의원 공천에 탈락하다.
- 40세에 하원의원 재선거에서 낙선하다.
- 46세에 토지 담당 공무원 자리를 거부당하다.
- 47세에 상원의원 선거에서 낙선하다.
- 48세에 부통령 후보 지명전에서 단 100표 차로 낙선하다.
- 50세에 상원의원에 출마했다가 낙선하다.

  링컨의 삶을 정리해보면 그는 두 번의 사업 실패를 겪었고 열 번의 선거에서 여덟 번 낙선했다. 그리고 자신의 인생에서 중요했던 열다섯 차례의 기회에서 열두 번이나 패배했다.

  정치에 푸른 꿈을 품었던 링컨은 선거에 출마하지만 줄줄이 낙선한다. 그는 마치 실패와 불행을 불러오는 사람처럼 보였다. 이렇게 링컨이 실패에 실패를 거듭하자 그의 친구들이 모든 칼과 면도날을 그의 주변에서 다 치워버릴 정도였다고 한다. 링컨이 자살할까 염려스러웠던 것이다.

하지만 링컨은 절망이라는 감옥에 갇혀 있지 않았다. 그는 의외로 담담한 표정으로 자리를 나선 후 곧장 식당에 가서 아주 배부르게 음식을 먹었다. 그다음 그는 이발소에서 머리도 멋지게 자른다. 머리에 기름도 듬뿍 발랐다. 그러고선 이렇게 말했다.

"이제 그 누구도 나를 실패한 사람으로 보지 않을 것이다. 왜냐하면 나는 이제 곧바로 또 시작했으니까. 배가 든든하고 머리가 단정하니 걸음걸이가 곧을 것이고 목소리는 힘이 찰 것이다. 나 스스로 다짐한다. 다시 힘을 내자."

링컨이 위대했던 것은 누가 보아도 불행 가운데 있으면서도 절대 불행하지 않겠다는 의지를 끝까지 지니고 있었기 때문이다. 링컨은 그 숱한 실패와 좌절 속에서도 희망을 포기하지 않는 '승리자의 마음'을 가지고 있었던 것이다.

수많은 장애물을 오히려 디딤돌로 삼는 남다른 지혜를 가지고 있었던 링컨이다. 그리고 그 같은 지난한 세월과 엄청난 고난을 견디며 꿈을 이루어나갔던 링컨은 그 과정에서 조금도 환경의 지배를 받지 않았다. 오히려 실패를 성공으로 만들어나가는 용기 있는 승리자였던 것이다. 독실한 신앙인이었던 링컨은 자신의 실패에 대해 이렇게 표현했다.

"사탄은 내가 실패할 때마다 '이제 너는 끝장'이라고 속삭였습니다. 그러나 하나님은 내가 실패할 때마다 '이번 실패를 거울삼아 더 큰일에 도전하라'고 했습니다. 포기하고 좌절하기를 바라는 사단의 속삭임보다 '뒤를 보지 말고 전진하라'는 하나님의 음성에 나는 귀를 기울였습니다. 그리고 나는 넘어진 자리에서 실패의 원인을 분석하는 지혜를 하나님께 구했습니다. 그리고 그 속에서 실패를 징검다리로 활용하는 지혜를 깨닫게 되었습니다. 그것은 내가 스물일곱 번의 실패를 정신적으로 이겨낼 수 있는 힘이 되었고 결국 그 모든 실패 때마다 다시금 일어설 수 있는 나의 신념과 가치가 되었던 것입니다."

사람은 누구나 살아가면서 실패를 경험하게 된다. 분명 원하지는 않지만 누구나 실패를 경험할 수밖에 없는 것이 우리가 살아가야 하는 인생이다. 실패와 성공 중에 우리는 살면서 무엇을 더 많이 경험하는가? 당연히 실패다. 실패는 그처럼 인생에서 자연스럽게 일어나는 일이다. 그런데 우리는 실패를 여러 번 겪고 나면 '난 왜 이럴까', '난 안 돼' 같은 부정적인 생각에 휩싸여 앞으로 닥쳐올 미래의 모든 것까지도 두려워하며 지레 포기해버릴 때가 많다. 그래서 과거의 실패나 상처에 매여 있는 사람의 대다수는 현재나 미래를 바라보지 못하는 것이다. 그러나 링컨의 경우를 보면 어떤가. 그에게 실패는 일상이고 인생이다. 그에게 실패는 성공으로 가는 길에서 낭연히 밟아야 할 성공의 코스이다.

우리가 살면서 일 년에 한 번씩 겪는 것이 있다. 타버릴 것 같은 뜨거운 여름에 시달리다 보면 살을 에는 겨울이 매섭도록 춥다는 것이 오래전 동화처럼 느껴진다. 반대의 경우도 있다. 매서운 겨울날 추위에 떨다 보면 무더위에 비지땀을 흘리며 힘들어하던 것을 까맣게 잊어버린다. 우리는 죽을 때까지 매년 이런 삶을 반복한다. 겨울이 되어야 소나무의 푸름을 깨닫는 것처럼 현재 자신이 시련과 실패 가운데 있는 것이 영원할 것처럼 느껴져도 결코 그렇지 않다는 것이다.

삶을 포기하고 죽고 싶을 만큼 고통스러워도 그 순간을 지나면 아픔은 옅어지고 또다시 웃을 수 있는 좋은 날들이 다가오게 마련이다. 신은 우리에게 견딜 수 있을 만큼의 고통만을 주시기 때문이다. 링컨은 이것 하나만은 확실히 믿었던 사람이다. 수많은 실패를 경험했지만 그 같은 믿음이 있었기에 실패에 절망하지 않고 오히려 실패에서 새로운 교훈을 얻어 그것을 성공의 기회로 삼고 다시금 일어났던 것이다. 거듭되는 실패와 불행을 통하여 오히려 겸손과 인내의 사람으로 변화되어갔다.

그렇다. 실패는 당하는 것이 아니다. 만나는 것이다. 실패를 만나면 한순간 잠시 일어났던 일이라 생각하고 가능한 한 빨리 그리고 아주 깨끗이 뒷정리를 해야 한다. 또한 링컨처럼 실패를 운명으로 받아들일 줄도 알아야 한다. 그래야만 또 다른 운명을 개척해나갈 수 있기 때문이다. 사실 실패하는 것보다 진정으로 부끄러운 것은 실패에 대한 두려움 때문에 다시 시작하지 않는 것이다.

우리의 인생이 끝나는 것은 실패했을 때가 아니라 포기했을 때다. 환경보다 나의 의지가 훨씬 중요하다는 것이다. '벽을 밀치면 문이 되고 벽을 눕히면 다리가 된다'는 말이 있다. 나 스스로가 장애물을 문이나 다리로 만들어 얼마든지 앞으로 나아갈 수 있다는 것이다.

에이브러햄 링컨은 실패를 경험하고 또 경험했다. 정말이지 앞길이 아득하여 끝 모를 실패의 연속이었다. 실패는 무려 30년간 그의 발꿈치를 따라다녔다. 그리고 밤이면 늘 그와 함께 잠자리에 들었다. 그처럼 그는 수많은 실패를 경험했지만 실패자가 되지는 않았다. 그 이유는 단 하나, 언제나 그렇듯 툭툭 털고 다시 일어났기 때문이다. 실패를 가능한 한 빨리 분출해버리고 스스로 또 다른 마음의 공간, 내면의 공간을 만들어나가는 적극적인 자세를 취하고 있었던 것이다. 그에게 실패는 끝이 아니라 또 다른 새로운 시작이었다. 오히려 실패의 힘이 그를 성공으로 이끌었던 것이다. 이처럼 링컨은 실패에 엄청난 힘이 있음을 몸소 보여준 인물이다.

스물일곱 번이나 크게 넘어졌지만 오뚝이처럼 다시 일어난 링컨. 연이은 사업 실패와 수차례의 낙선으로 주변의 눈총도 매우 따갑고 비난도 만만치 않았을 텐데도 그는 마침내 모든 실패의 이력서를 마무리 지으며 미국 대통령 자리에 올랐다. 그뿐 아니라 또 한 번 대통령에 재선된다.

앞에서도 살펴보았고 언급했지만 링컨에게서는 역경을 이겨낼 만한 조건이라고는 아무것도 찾아볼 수가 없었다. 지독한 가난과 무無학력 그리고 못생긴 외모와 수많은 실패, 인생의 시작부터 오랜 세월 그 모든 것이 큰 장애물이 되었다. 장애물이 걸림돌이 되는 사람도 있지만 장애물을 디딤돌로 만드는 사람도 있다. 그가 바로 에이브러햄 링컨 대통령이다. 링컨처럼 긍정적이고 진취적인 사고, 불굴의 인내심과 도전정신을 가지고 인생의 숱한 실패들을 이겨내며 살아온 인물이 이 땅에 지도자로 세워지기를 소망한다. 그리하여 한국이 넘어야 할 정치와 경제, 교육과 문화의 장애물들을 오히려 기회로 삼아 모든 면에서 선진국답게 도약하는 나라를 만들어나가기를 바란다.

2부

대통령으로
가는 길

정직한
에이브

정직과 지식은 나의 보배요 나의 재산이었다.

– 링컨

에이브러햄 링컨이 주의회 의원으로 출마했을 때 일이다. 공화당에서 선거운동비로 쓰라고 링컨에게 200불을 보내주었다. 그당시 선거 비용치고는 그렇게 큰돈은 아니었지만 몹시 가난했던 링컨에게는 아주 큰돈이었다. 그런데 링컨은 선거가 끝난 후 그가 받았던 200불의 선거운동비 중에서 199불 25센트를 당 본부로 되돌려 보냈다. 당 본부에서는 깜짝 놀랐지만 그가 돈과 함께 보낸 편지 앞에서 모두가 숙연해지고 말았다. 그 편지의 내용은 다음과 같았다.

"선거 연설회장 비용은 내가 갚았고 또 여러 유세장을 돌아다니는 데는 말을 탔기 때문에 비용이 들지 않았소. 다만 유지 가운데 한 사람이 목이 마르다고 하여 음료수를 한 잔 사준 것이 75센트 들었소. 그다음은 아무 비용도 들지 않고 무난히 당선되었소!"

어찌 보면 돌려주지 않아도 되는 돈이다. 누구 한 사람 시비를 걸 이도 없었을 것이다. 하지만 링컨은 정직한 가치관을 가진 깨끗한 사람이었다. 링컨은 적당히 세속적이고 적당히 타협하는 이기적인 사람보다는 투명하고 정직하게 자신을 보여주는 사람이 되고 싶었던 것이다.

링컨이 살던 작은 마을에는 우체국이 없었는데 링컨이 우편 판매를 대행하게 되었다. 우편 대금을 회수하기 위해 부처에서 사람이 왔을 때 언제나 그가 요구하는 금액과 정확하게 일치했다고 한다. 링컨의 성품을 고스란히 보여주는 일화다. 링컨은 정말 고지식할 정도로 정직했던 것이다. 미국 대통령이 탄생한 지 200주년이던 1989년에 활동을 시작하여 여론조사팀으로서 그 권위를 가장 인정받는 미국의 라이딩스-매기버 대통령여론조사팀이 다섯 가지 항목, 즉 지도력, 업적 및 위기관리 능력, 정치력, 인사관리,

성격 및 도덕성으로 나누어 평가한 순위에서 종합 1위는 단연 링컨이었다. 물론 도덕성과 정직성 면에서도 단연 1위로 평가되었던 사람이 바로 링컨이다.

어느 날 링컨은 농장 주인 크로포트로부터 《조지 워싱턴의 생애》라는 책을 빌려왔다. 하지만 그 책을 다 읽지 못하고 잠이 들고 말았다. 그런데 밤중에 쏟아진 폭우 때문에 통나무집 안으로 빗물이 새어 들어와 책이 흠뻑 젖고 말았다. 곤란해진 링컨은 농장 주인에게 왜 책이 젖었는지 솔직하게 설명하고 용서를 빌었다. 그 대신 3일간 일을 시켜달라고 했다. 하지만 농장 주인은 링컨의 솔직함과 정직한 마음에 감동하여 이틀만 일을 시킨 후 그 책을 링컨에게 그냥 주었다고 한다.

대부분의 사람들이 자기 합리화에는 대단히 뛰어난 능력을 가지고 있다. 상황이 조금만 불리해지거나 변명해야 할 상황이 오면 갖다 붙일 이유를 생각해내느라 바쁘다. 하지만 링컨은 그런 상황들을 자신이 가지고 있는 가장 소중한 자산인 정직으로 오히려 이겨나가는 사람이었다.

세상에서는 돈에 영혼을 팔기도 하는데, 물론 돈을 버는 일은 중요하다. 생계를 위해서도 그렇고 어려운 사람을 도울 수도 있기 때문이다. 그러나 잊지 말아야 할 것은 돈보다 중요한 것이 정직이라는 것이다. 부정직하게 일하여 돈을 번다면 그 사람의 인생이 너무 비참하지 않겠는가. 비단 돈을 빌 때만이 아니다. 정직을 늘 최우선의 가치로 삼는다면 우리는 링컨처럼 신뢰를 얻어 위기를 기회로 삼을 수 있게 될 것이다. 정직은 자신의 모든 것을 이기는 힘이 되기 때문이다.

링컨이 어느 잡화점에서 점원으로 일하고 있을 때다. 스물두 살의 링컨은 주인으로부터 무한한 신뢰를 받으며 부지런히 일했다. 이미 그때도 링컨은 착하고 믿음직한 청년으로 온 동네에 소문이 자자하게 나 있었다. 그러던 어느 날 저녁 늦게까지 일을 마치고 하루 동안의 수입을 결산하고 있었다. 그런데 이상하게도 얼마의 돈이 남는 것이었다.

"도대체 어떻게 해서 6센트가 남는 걸까?"

오늘 다녀간 손님들의 얼굴을 떠올리며 곰곰이 생각해보니 단골손님 앤디 할머니에게 거스름돈을 덜 준 것을 알게 되었다.

"그래 맞아, 내가 앤디 할머니께 거스름돈을 덜 드렸구나."

그는 얼른 가게 문을 닫은 후 부리나케 앤디 할머니 집으로 뛰어갔다. 숨을 헐떡이며 문을 두드린 링컨은 "앤디 할머니, 죄송합니다. 제가 실수를 해서 할머니에게 거스름돈 6센트를 덜 드렸습니다."

이에 깜짝 놀란 할머니는 "아니, 에이브!(에이브러햄의 애칭) 아무래도 그렇지, 6센트 때문에 이렇게 밤늦은 시간에 여기까지 달려왔단 말이냐?"

"6센트가 아니라 1센트라도 돌려드려야지요. 6센트에 저의 정직을 팔 수는 없으니까요."

"역시 에이브는 소문대로 정직한 청년이구나. 에이브는 반드시 미국을 위해 큰일을 할 귀한 인물이 될 걸세."

앤디 할머니는 링컨의 정직함에 탄복하며 뉴살렘 타운 인근까지 널리 소문을 냈다고 한다.

정직한 사람은 반드시 그리고 언젠가는 성공하게 되어 있다. 정직한 사람은 상대방을 사랑하는 마음이 있기 때문이다. 결국 정직한 사람이 상대방의 믿음을 얻어 성공하는 것이다. 때로는 거짓과 술책으로 잠시 성공하는 사람도 있을 수 있다. 그러나 그런 사람은 내면적으로 떳떳하지가 못하다. 잠시 성공했다 해도 마음속에는 여전히 아픔이 있을 것이다. 그러한 성공은 오래가지 못하고 결국엔 탄로가 나게 되어 있다.

그렇다면 링컨의 그 같은 정직성은 어디에서 나온 것일까? 사실 그가 정직한 사람이 된 것은 그의 어머니 낸시와 새어머니 사라로부터 배웠기 때문이다. 그는 어렸을 때부터 두 어머니로부터 글과 성경을 배우면서 두 분 어머니의 품성을 고스란히 물려받았다. 링컨의 어머니는 링컨에게 유언으로 간곡하게 부탁했다.

"사랑하는 내 아들아! 이제 나는 너를 두고 하나님 앞으로 간다.

이 책은 나의 부모님으로부터 물려받은 성경이다. 내가 많이 읽어 아주 낡았지만 우리 집안의 큰 가보이다. 내가 많은 땅을 너에게 물려주는 것보다 이 한 권의 성경을 너에게 유일한 유산으로 물려주는 것을 기쁘게 생각한다. 네가 이 진리의 성경 말씀을 읽고 교훈대로 살면 나는 네가 많은 땅의 주인이 되는 것보다 더 기뻐하게 될 것이다. 부디 성경을 읽고 하나님 말씀대로 사는 사람이 되길 바란다. 하나님을 사랑하고 정직하고 이웃을 사랑해야 한다. 이것이 나의 마지막 부탁이란다."

링컨은 어렸을 때부터 어머니의 유언대로 살고자 힘썼으며 훗날 자신의 정직함은 어머니가 주신 성경에서 배운 것이라고 숱하게 고백했다. 그리고 자신이 정치인이 되기로 결심하게 된 결정적인 동기를 말하면서 정직하지 않은 수많은 정치인의 삶을 보면서 나라를 더 사랑하게 되었다고 고백했다.

리더로서 링컨은 거의 모든 면에서 불리한 것밖에 없었다. 학연, 지연, 혈연 등 그 무엇 하나 내세울 것이 없었다. 하지만 링컨은 그 누구보다 정직했다. 그의 삶을 보면 우리는 이미 그가 어렸을 때부터 정직한 삶을 살아온 깨끗한 사람이었음을 알 수 있다.

"정직은 리더가 갖추어야 할 가장 근본이 되는 요인입니다. 그리고 정직이 최고의 정책입니다."

링컨, 그는 나폴레옹처럼 굉장한 장군도 아니었다. 프리드리히 대왕처럼 대단한 정치가도 아니었다. 하지만 링컨에게는 정직이라는 무기가 있었다. 그리고 지금까지 수많은 역사가가 링컨의 진실성과 도덕성을 인정했다. 아직도 미국인들이 그를 부르는 애칭이 바로 '정직한 에이브Honest Abe'이다. 링컨이 변호사 시절 가장 많이 한 말이 "무슨 일에나 정직하기로 결심하라"는 것이었다. 이것은 주위의 변호사들에게도 자주 해준 말이었다고 한다.

"당신이 판단하기에 도저히 정직한 변호사가 될 수 없거든 변호사가 되지 말고 먼저 정직한 사람이 되기로 결심하라."

악한 사람이 되기 위해 작심하는 것이나 다름없는 부정직한 변호사가 될 바에는 차라리 다른 직업을 택하는 편이 훨씬 낫다는 것이다. 한마디로 표현하자면 '무엇이 되기 이전에 먼저 인간이 돼라'는 것이다. 그렇다. 정직하지 않으면 아무것도 할 수가 없다. 물론 부정직한 사람은 대통령이 되어서도 안 된다. 국가에 재앙이 되기 때문이다. 정직하지 않은 사람은 훌륭한 사람이 될 수도 없겠지만 되어서도 안 된다는 것이다.

정직함이 그를 일으켜 세우는 초석이 되었다. 아마도 링컨이 지도자로서 가장 크게 인정받는 부분은 정직한 삶을 바탕으로 분열된 미국을 오늘날까지 하나의 국가로 유지시켰다는 점이 아닐까.

참으로 부끄러운 일이지만 그동안 대한민국에도 정직하지 못한 대통령이 있었다. 더 이상 그런 부끄러운 대통령이 이 대한민국 땅에 나타나지 말아야 할 것이다. 대한민국에도 이제는 정직을 목숨보다 귀하게 여기는 대통령, 정말 국민이 신뢰할 수 있는 대통령이 반드시 탄생해야 할 것이다.

지독한
책벌레

한 권의 책을 읽은 사람은

두 권의 책을 읽은 사람의 지도를 받게 되어 있다.

— 링컨

링컨의 어린 시절은 배고픔의 연속이었다. 링컨의 아버지는 링컨에게 공부가 아닌 노동의 길을 강요하며 생계의 짐을 무겁게 지웠다. 그래도 링컨의 나이 열 살 때 독초를 먹은 젖소에서 짠 우유를 먹고 우유병Milk sickness에 걸려 돌아가신 어머니 낸시와 새어머니 사라가 책을 좋아했던 링컨에게 공부할 수 있는 여건을 만들어주었던 것은 그에게 참으로 다행스러운 일이었다.

두 어머니는 배움에 대한 그의 열정을 누구보다도 열심히 지지해주었다. 늘 배움에 갈증을 느끼고 있을 때 어머니 낸시는 남편을 설득해 그나마 먼 지역에 있는 학교에 잠시나마 다닐 수 있도록 했다. 심성이 밝고 깨끗한 새어머니도 링컨이 그토록 좋아하던 책을 마음껏 읽을 수 있도록 해주었다. 이렇게 책과 함께하면서 광범위한 인문적 교양을 쌓으며 어린 나이에도 생각이 깊은 링컨으로 만들어져나갔던 것이다.

특히 아버지가 재혼을 하면서 새어머니가 가져온 《성경》, 《천로역정》, 《이솝우화》, 《로빈슨 크루소》, 《신드바드의 모험》 같은 책을 읽게 된 링컨은 문체와 대화 방식, 유머 그리고 남을 설득하는 방법을 터득하게 된다. 이후 책과 신문 등을 꾸준히 빌려 읽으면서 자신의 지적 갈증을 채우게 된다.

이미 새어머니는 링컨이 보기 드문 재능을 타고난 특별한 아이임을 알았던 것이다. 링컨 또한 자신이 책을 좋아하게 된 배경에 대해 늘 자신의 편을 들어준 새어머니 덕분에 풍부한 학식을 얻을 수 있었다고 수차례 고백하기도 했었다.

그 당시만 해도 책은 손쉽게 구할 수 있는 것이 아니었다. 책 한 권의 가격도 엄청났다. 어렵사리 구한 책을 읽고 또 읽을 수밖에 없었다. 몹시도 가난했던 그의 어린 시절, 한 끼의 끼니를 위하여 농사를 지을 때조차도 항상 주머니에 책을 가지고 다니면서 읽었던 것도 그 때문이었다.

"내가 알고 싶은 것들이 책 속에 들어 있으므로 누구든 내가 읽지 않은 책을 보여주는 사람은 나의 가장 좋은 친구였습니다."

그렇다고 혼자 책을 읽을 수 있는 시간이 충분했던 것도 아니었다. 낮에는 늘 일을 해야만 했고 밤에만 촛불에 의지해 책을 읽어야 하는 악조건의 연속이었다. 촛불이 없을 때는 호두나무 껍질을 모아 만든 등불 옆에서 책을 읽곤 했다. 그에게 있어서는 밤 동안만이 책을 읽으며 미래를 준비할 수 있는 소중한 시간이었다.

링컨의 독서량은 상상을 초월했다. 심지어 남북전쟁이 한창일 때도 옆에 책을 끼고 작전 수행을 했을 정도라고 한다. 책을 통해 얻은 깊은 지식과 사고로 자신의 계획들을 늘 자신 있게 추진했다. 그리고 그 과정에서 자신을 공격하는 적군의 정치세력을 치밀한 준비와 논리로 이길 수 있었다.

특히 그는 대통령이 된 후에도 남북전쟁으로 인한 고뇌와 번민으로 마음이 무거울 때 셰익스피어의 작품을 즐겨 읽었다. 그 바쁜 와중에도 셰익스피어 권위자들과 셰익스피어의 희극에 대해 토론을 벌였다고 하니 그가 얼마나 책을 사랑하는 사람이었는지 알 수 있다. 그의 지독한 독서 습관이야말로 위대한 꿈을 이루게 한 원동력이었던 것이다.

그중에서도 성경책이나 셰익스피어 전집, 《이솝우화》, 《천로역정》, 영문법과 철자법에 관한 책, 그리고 《미국의 역사》 같은 책

▲ 링컨은 책 속에서 인생의 지혜와 성공의 법칙을 발견했다.

다시 링컨

은 달달 외울 정도로 읽고 또 읽었다. 특히 성경책이나 《이솝우화》의 복사본을 받아 읽을 수 있는 날에는 너무나 설레어 잠을 이룰 수 없었다고 한다. "오늘의 자신을 만드는 데 결정적인 영향을 미친 책을 한 권 꼽으라면 어느 책을 들겠는가?"라는 기자들의 잦은 질문에 그는 늘 당당하게 성경책이라고 말했다.

"어머니가 준 성경책으로 인하여 또 다른 더 많은 책을 읽어야 한다는 동기와 비전과 더 큰 꿈과 야망을 품을 수 있었습니다."

특히 성경 다음으로 전기에 심취하여 조지 워싱턴과 벤저민 프랭클린은 순식간에 링컨의 영웅이 되어버렸다. 조지 워싱턴은 링컨에게 미국에 대한 애국심과 정치의 힘, 그리고 자신이 평생을 살아갈 때 마음속에 지녀야 할 삶의 가치관과 목적을 심어주었다.

독서에 눈을 뜨기 시작하여 무서울 정도로 책에 빠져들 때쯤 그는 《미국의 역사》라는 책을 읽으면서 나라 사랑과 국가의 생성 과정이 얼마나 고귀한 것인지, 노예제도의 죄악상이 얼마나 큰지 깨닫게 되었다. 그러면서 조국 미국의 역사와 사회문제에 눈을 뜨기 시작했던 것이다.

어린 시절부터 쌓은 다양한 독서 경험은 훗날 그의 정치 생활에도 큰 삶의 지침이 되었다. "한 권의 책을 읽은 사람은 두 권의 책을 읽은 사람에게 지도를 받아야 한다"는 자신이 만든 명언을 늘 명심하며 실천했던 사람이다. 그래서 그는 역대 여느 대통령보다 많은 연설문을 본인이 직접 작성할 수 있었던 것이다. 연설의 대가라고 알려진 케네디도 연설문은 보좌관들이 대신 작성해주었다는 것을 생각하면 링컨이 얼마나 책을 많이 읽었는지 알 수 있다.

"나의 인생을 바꾼 가장 위대한 비책은 단연 독서였습니다."

보수주의자부터 극단적 급진주의자까지 모두 아우르는 포용력을 발휘하고 언어를 신중하고 정확하게 사용해 중도주의적인 주장을 일관되게 펼쳤던 것도 많은 책을 읽고 그것을 자신의 언어로 소화한 덕분이었다.

그리고 그는 책을 읽으면서 자신에게 양식이 되는 문장은 반드시 메모하고 외우는 습성이 있었다. 읽고 또 읽고 외워서 자기 것으로 만들기 위해 늘 메모하는 습관을 가지고 있었다. 종이가 없으면 판자에 적고 나중에 이걸 다시 종이에 옮기면서 곧바로 암기해버리곤 했다.

"메모하지 않고는 야망을 이룰 수 없습니다. 기억하는 자는 메모하는 자를 결코 이기지 못합니다."

남들 앞에 나서서 이야기하는 것을 즐기던 청년, 문학을 사랑하고 독서를 즐기던 가난한 시골 청년이 끝내 명연설을 하는 정치가가 된 것이다. 그가 사용하는 언어가 얼마나 아름다웠는지 그 당시 문학가들도 어릴 때 많이 읽었던 시와 셰익스피어의 문장들이 그의 영혼에서 새겨져 나온 것 같다고 말했을 정도다. 링컨은 책들을 통하여 운율을 익혀나갔고 시심을 길렀다. 결국 그의 흔들림 없는 모든 신념에 관한 말들도 독서에서 나왔던 것이다. 미국에서 단 한 사람뿐인 시인 대통령이 바로 에이브러햄 링컨인 것도 바로 이런 연유에서였던 것이다.

그가 얼마나 훌륭한 연설문을 작성했는지를 가장 잘 보여주는 것이 바로 '게티즈버그 연설'이다. 게티즈버그 연설은 민주주의의 이념을 잘 나타낸 명연설이다. 번역문을 읽어도 감동적이지만 영어로 한번 읽어본다면 또 다른 감동을 느낄 수 있을 것이다.

앞에서도 잠깐 언급했지만 우리가 잘 모르는 사실 중에 또 하나가 바로 링컨이 문학을 아주 좋아하는 문학가였다는 것이다. 문학은 그의 환경을 뛰어넘게 해주는 아주 소중한 역할을 하기도 했다. 특히 그는 글을 잘 쓰기 위해 먼 길을 마다하지 않고 잠깐 학교에 다닐 때 만났던 그레이엄 선생을 찾아가 문법 지도를 받았다. 때로는 그것도 성에 차지 않아 더 멀리 있는 마을까지 원정을 가서 책을 빌려다 보곤 했다. 문학, 법률, 과학, 수학, 역사, 철학, 종교 등 닥치는 대로 읽었다. 책 속에서 인생의 지혜와 성공의 법식을 발견할 수 있다는 것을 그는 이미 알고 있었던 것이다. 나중에는 링컨이 문학뿐 아니라 법률 책까지 좋아하며 흥미를 느끼자 그의 친구 변호사인 존 스튜어트가 적극 권유해 그의 나이 25세 때 변호사 공부를 시작하게 된다. 그리고 2년 만에 변호사 시험에 합격하는 쾌거를 이룬다. 그 후 그는 수많은 독서량으로 인해 변호사들 중에서도 가장 상식과 지식이 풍부한 유능한 변호사로 알려지기 시작했다.

훗날 여러 번의 정치적인 실패로 좌절을 겪기도 했지만 그때마다 링컨은 굴하지 않고 자신의 부족한 지식을 채우기 위해 끊임없이 노력하고 공부했다. 그야말로 무학력이었던 그에게 용기와 희망을 준 것이 바로 책이었다. 링컨은 그 위대한 셰익스피어와 로버트 번스 역시 대학 문턱에도 가보지 못했다는 사실을 알고부터는 더욱 큰 용기와 희망을 가지게 되었다고 한다.

많은 사람이 꿈을 갖고 있다. 하지만 그 꿈을 어떻게 이루어가야 하는지는 모르고 있다. 자신의 꿈을 이루어나가는 데 있어 가장 중요한 것은 책을 많이, 깊게 읽는 것이다. 책은 인생의 방향을 세우는 데 동기부여가 된다. 책은 체계적이고 깊은 지식을 전해준다. 나아가 책은 언제나 훌륭한 멘토이자 스승이 되어준다. 책이 인생관과 가치관까지 바꾸어주기 때문이다.

위대한 시인이라 일컬어지는 에밀리 디킨슨은 "책만큼 우리를 먼 땅으로 데려다주는 함선은 없다"고 말했다. 이는 마치 링컨을 빗대어 하는 말이라 해도 결코 과언이 아닐 것이다. 책이 아니고 서야 어떻게 학교 교육을 정식으로 받지 못했던 초등학교 중퇴자가 미국의 대통령, 아니 세계의 대통령이 될 수 있었을까.

비록 가난한 가정에서 태어났지만 어릴 때부터 링컨의 생각은 빈곤한 형편에 좌우되지 않았다. 부잣집에서 태어난 것이 반드시 미래를 보장해주지는 않으며 책마저 읽지 않는다면 미래는 없는 것이나 마찬가지라는 사실을 그 누구보다도 뼈저리게 알고 있었던 링컨이다.

그는 지금의 자리에서 하염없이 한탄하는 대신 자신의 처지에 상관없이 새로운 세상을 꿈꾸었다. 세상을 변화시키겠다는 꿈을 꾸고 그 꿈을 바라볼 수 있는 가장 확실한 방법은 책밖에는 없다. 이를 누구보다도 잘 알고 있었던 그는 열악한 환경에서도 죽을 만큼 책 사랑에 몰두할 수밖에 없었던 것이다.

사실 링컨에게 인생은 혹독하게 가난한 환경에서부터 시작된 사나운 운명이었다. 하지만 그는 책을 통하여 늘 배우고 익혔다. 자신의 부족한 부분을 솔직하게 인정하며 그 부족함을 풍족함으로 만들어나가기 위해 끊임없이 노력하는 무서운 집념과 도전정신을 보여주었다. 그 같은 배움에 대한 링컨의 뜨거운 열정과 노력이 그를 위대한 링컨, 미국에서 가장 존경받는 대통령으로 만들어주었던 것이다.

이제는 링컨의 삶에 관한 모든 기록이 위대한 역사의 기록이 되었다. 그는 모든 사람에게 영감을 주는 훌륭한 사람이 되었다. 그리고 그 뒤에는 책이라는 거대한 흔적이 있었다.

야망이
그를 일으켜 세우다

어떤 일을 할 수 있고,

반드시 해야 한다고 생각하면 길은 열리게 마련이다.

– 링컨

우리 인간은 살아가면서 반드시 거쳐야 하는 과정들이 있다. 그것은 일과 사랑, 그리고 인생을 즐기는 것이다. 일은 반드시 해야 하는 것이다. 사랑은 인간관계에서 어떠한 방법으로든지 표현되어야 하는 것이다. 인생을 즐긴다는 건 삶 속에서 이루어지는 가장 큰 행복(즐거움)을 영위하는 것을 말한다.

그런데 이 세 가지 가운데서 하나라도 성취하지 못하면 우리 인간은 반드시 인생에 대한 후회와 무상함을 느끼게 된다. 그러므로 우리는 가능한 한 이 세 가지를 다 쟁취하기 위해 노력해야 한다. 일과 사랑과 행복을 다 성취하는 사람을 우리는 야망이 있는 사람이라고 부른다. 링컨이 바로 그런 사람이었다.

링컨의 삶을 가만히 들여다보면 볼수록 그가 얼마나 큰 야망을 가진 인물인지 알 수 있다. 링컨은 보통 사람은 흉내조차 낼 수 없는 대단한 야망을 가진 사람이었다. 운명적으로 가난했던 어린 시절부터 그는 존경받고 역사에 이름을 남기는 사람이 되겠다는 남다른 야망을 품었다. 그래서 그는 어린 나이였지만 가난을 극복하기 위해서 환경이나 조건에 상관없이 닥치는 대로 열심히 일했다. 부모를 원망하거나 세상을 비관하는 일은 그에게는 사치였다. 특히 그는 배우지 못했다는 한을 품고 살기보다 남들보다 더 많이 책을 읽고 또 읽었다. 결국엔 그렇게 스스로 터득한 지식이 그가 인생길에서 처하게 된 그 모든 험난한 환경까지도 뛰어넘게 해주었다.

그의 야망은 가난했던 어린 시절에만 잠시 머물러 있었던 것이 아니다. 의원이 되고 변호사가 되고 대통령, 심지어는 죽음이 찾아온 그 시간까지도 그는 또 다른 야망을 품고 있었다.

그런데 그의 야망은 남을 짓밟고 자신을 일으켜 세우는 세속적인 더러운 야망이 아니었다. 그것은 자신의 삶으로 하여금 가치 있는 것들을 성취하게 함으로써 자신이 이 세상에 존재해야 한다는 것을 보여주기 위함이었다. 인생을 살아가면서 의미 있는 것을 성취할 수 있다면 그 사람은 다른 사람들의 기억 속에 남을 수 있다는 믿음이었다. 즉 가치 있는 야망이 사람을 위대하게 만든다는 확신이었다.

"내가 바라는 것이 있다면 내가 있음으로 해서 이 세상이 더 좋아졌다는 것을 내 눈으로 보는 일이다. 그리고 그 야망이 반드시 나를 위대하게 만들 것이다."

결국 가치 있는 야망이 그의 모든 삶의 가이드가 되었던 것이다. 사실 링컨의 야망은 처음부터 쉽게 불타오른 것은 아니었다. 링컨이 자신의 야망을 깨닫기까지는 많은 시간이 걸렸다. 그 여정에는 자기 존중과 자기 창조라는 어마어마한 용기가 필요했던 어려운 과정이 많이 있었다.

사실 링컨은 어렸을 때부터 죽음에 대한 두려움 속에서 살아왔다고 해도 지나친 말이 아니다. 그의 어머니 낸시가 링컨이 열 살때 죽었고 그로부터 몇 년 후 그토록 사랑했던 하나밖에 없는 누나가 출산을 하다가 죽었다. 그리고 링컨의 첫사랑인 앤 러틀리지가 22세에 죽었으며 그로 인해 30대 초반부터 심각한 우울증을 앓기 시작했다. 그리고 메리 토드와의 파혼도 있었다. 그녀와의 파혼을 통해 자신의 아픔보다 오히려 그녀가 얼마나 큰 고통을 받았을까를 생각하면서 그의 마음은 아예 무너져버렸다.

그뿐만이 아니었다. 그의 가장 소중한 절친인 조슈아 스피드 Joshua F. Speed가 아버지가 돌아가시는 바람에 켄터키로 떠나게 되었다. 그리고 연이어 그의 주의회 정치 생활은 완연한 하락세를 보이기 시작했다. 당시 링컨은 심한 우울증에 빠져 망상의 지경에 이르러 꼼짝 못하고 침대에 누워 있을 정도였다. 그해 의회 일지에 보면 링컨의 회의 참석률이 현저하게 감소한 것으로 기록되어 있다. 일주일 정도 결석했다가 회의에 참석한 링컨의 모습은 피골이 상접할 만큼 온몸의 기력이 쇠진해 있었으며 자살까지 생각할 정도로 몸과 영혼은 쇠약해져갔다. 하지만 그가 그 모든 어려운 사건들을 극복할 수 있었던 것은 오직 야망 때문이었다고 한다.

"나는 지금이라도 당장 죽고 싶으나 아직 나는 그 누구에게도 나의 존재 가치를 알리지 않았어요. 나는 그 일을 해야 합니다."

이 말을 통해 자신의 존재 가치를 발휘하여 세상을 변화시키고자 하는 그의 야망이 가슴속에서 얼마나 뜨겁게 불타고 있었는지 알 수 있다. 바로 그런 강렬한 야망이 링컨으로 하여금 끊임없이 독학하고 수많은 정치적 실패에도 포기하지 않게 한 것이다.

링컨은 이러한 큰 야망을 가진 덕분에 자신의 삶에서 참혹한 전쟁 같았던 어둡고 캄캄한 날들도 능히 이겨낼 수 있었다. 그의 동료 변호사들도 한결같이 "링컨의 야망은 휴식을 모르는 작은 엔진"이라고 평가할 정도였다고 한다. 물론 링컨이 큰 야망을 품었다고 해서 오직 백악관을 차지하려는 이상주의 혁명가처럼 생각할 수도 있겠지만 절대로 그렇지가 않다. 그는 누구보다도 따뜻한 실용주의 정치인이었다. 오히려 링컨이 살아온 생애와 그의 모든 경력을 하나하나 들추어보면 자신의 목적을 실현하기 위해 정치적으로 타협하면서 온건함을 보여준, 오히려 점진주의에 가까운 따뜻한 대통령이었다고 할 수 있다.

"소년이여, 야망을 가져라!"

링컨과 당대에 같이 살았던 미국의 윌리엄 스미스 클라크William S. Clark의 유명한 말이다. 이어서 그는 "돈을 위해서도 말고, 이기적인 성취를 위해서도 말고, 사람들이 명성이라 부르는 덧없는 것을 위해서도 말고, 단지 인간이 갖추어야 할 모든 것을 얻기 위해서"라고 했다. 야망이란 단지 부富를 이루는 성공을 추구하는 것을 말하는 게 아니다. 무엇인가 우리의 삶을 가치가 있고 의미가 있는 것으로 승화시켜나가는 것이다. 물질과 명예의 유혹에 굴복하는 것이 아니라 자신의 욕망, 세상의 모순, 세상적 유혹에 맞서서 순간일 뿐인 인생에서 영원성을 획득하는 것이다. 그래서 링컨처럼 어떠한 위대한 결과를 얻어내는 것이다.

링컨이 가난했고, 외로웠고, 쓸쓸하게 살아왔던 그 시절을 이

거낼 수 있었던 것은 비로 그러한 야망이 있었기 때문이다. 헛되고 그릇된 야심에 사로잡힌 것이 결코 아니었다. 큰일을 이루고자 하는 소망, 세상과 맞서는 큰 꿈을 품은 위대한 야망이 그의 마음 한가운데에 늘 있었던 것이다. 그 야망으로 인해 끊임없이 독학하고 스물일곱 번의 실패에도 포기하지 않고 그 어두컴컴한 터널을 통과할 수 있었던 것이다. 야망은 꿈꾸는 미래를 현실화하는 힘이 되어주기 때문이다.

링컨은 앞에서 말한 인생의 필수 과정 세 가지, 즉 일(의무)과 사랑(좋은 인간관계)과 행복(즐거움, 존재의 가치)을 모두 다 성취한 사람이다. 이 세 가지를 이루어내는 데 그의 야망은 일종의 꺼지지 않는 불꽃이 되어주었다. 링컨이 품었던 것과 같은 야망이 나에게도 있는가? 아직도 나에게 그러한 원대한 야망이 없다면 지금부터라도 나 스스로가 만들어나가야 할 것이다.

늦은 때란 없다. 지금이라도 다시 시작하면 된다. 아직도 나에게 주어진 시간은 충분하다. 지나간 나의 과거가 아무리 평범했고, 그동안 아무리 건조한 삶을 살아왔다 할지라도 지금 내가 할 수 있는 일, 그 일 하나에 대해서라도 야망을 가져야 한다.

나이가 많든 적든 상관없다. 세상의 모든 일은 내가 추구하는 그 야망이 불타기만 한다면 반드시 이룰 수 있다. 그것이 순리이다.

애플의 스티브 잡스는 수많은 사람으로부터 질타를 받기도 했지만 그는 입버릇처럼 이렇게 말했다.

"나의 야망만큼은 그 누구도 꺾지 못했습니다."

애플은 그의 야망과 함께 자산 가치 1조 8천억 달러(2천조 원)에 육박하는 오늘날의 세계 최고 기업이 되었다. 그러니 나에게는 야망 같은 것은 필요 없다며 혹은 야망을 갖기에는 너무 늦었다며 더 이상 변명해서는 안 될 것이다.

아무렴 링컨만큼 척박한 환경일까? 아니 그런 곤궁한 환경 속에서도 링컨과 같은 원대한 야망을 품을 수 있다. 링컨이 그랬던 것처럼 말이다. 물질과 명예의 유혹에 굴복하는 것이 아니라 세상의 모순과 유혹에 맞서 영원성을 획득하는 그러한 야망을 가지고 있는 링컨 같은 대통령을 우리 대한민국은 간절히 기다리고 있다.

미국에
유머를 심다

내가 만약 웃지 않았다면
나는 밤낮 나를 누르는 무서운 압박감 때문에 자살했을 것이다.

— 링컨

1858년 링컨이 상원의원에 출마하여 스티븐 더글러스Stephen Douglas 후보와 겨루기 위해 합동 선거유세를 할 때의 일이다. 먼저 더글러스가 링컨의 과거 경력을 들추면서 비방하기 시작했다.

"여러분! 링컨은 예전에 금주령이 내려졌을 때 경영했던 상점에서 팔아서는 안 되는 술을 팔았습니다. 분명한 것은 이건 법을 어긴 일이라는 겁니다. 법을 어긴 사람이 만약 상원의원에 당선된다면 이 나라의 법과 질서를 어떻게 잡을 수가 있겠습니까? 다른 사람은 몰라도 링컨만은 절대로 상원의원이 되어서는 안 될 사람입니다."

청중은 이 말을 듣자마자 순식간에 여기저기서 술렁거리기 시작했다. 유머의 달인으로 소문이 났던 링컨도 이번만큼은 더글러스의 공격에 꼼짝없이 무릎을 꿇게 생겼다고 생각하며 모두들 걱정스러운 표정으로 링컨을 쳐다보았다. 그러나 링컨은 조금도 당황하거나 흥분하는 기색 없이 이렇게 답변했다.

"예, 그렇습니다. 더글러스 후보가 말한 것은 사실입니다. 그러나 제가 그 상점을 경영하던 당시 더글러스 후보는 저의 가게에서 매상을 가장 많이 올려주던 우량 고객이었습니다. 그러나 더 확실한 사실은 저는 이미 술 파는 가게를 떠난 지가 아주 오래되었지만 더글러스는 아직도 그 가게의 충실한 고객으로 남아 있다는 것입니다."

상대편의 음해에 링컨이 재치 있게 응수하자 모든 청중이 큰소리로 열광하며 박수를 아끼지 않았다. 링컨은 이처럼 위트와 유머로 그곳에 있던 수많은 좌중을 자기 사람으로 만들 수 있었다. 이와 같이 링컨은 상대방의 공격에 조금도 당황하지 않았으며, 감정적으로 대응하지도 않았다. 언제나 링컨의 순발력과 재치 있는 유머에 오히려 공격한 사람이 궁지에 몰리며 백기를 들었던 것이다.

미국 역대 대통령 중에서 탁월한 유머 감각을 지닌 사람을 뽑으라면 단연 링컨일 것이다. 링컨은 언어가 지닌 소통의 힘을 아는 사람이었다. 특히 정치유머의 달인이었다. 링컨의 유머를 보면 대부분 '일화 중심적 대화'가 많다. 일화 중심적 대화란 곧 '에둘러 치기'를 말한다. 링컨은 중요한 문제를 곧바로 말하는 것이 아니라 예화나 에피소드를 통해 짐작으로 알아듣도록 유도하는 것을 좋아했다. 그는 아무리 심각한 순간일지라도 그리고 어떠한 자리에서도 화를 내거나 목소리를 높이지 않고 유머나 이야기로 분위기를 녹이곤 했다.

링컨에게는 상황에 관계없이 유머 감각이 묻어나는 여유가 있었다. 특히 남북전쟁 중에 위기가 수없이 닥칠 때도 오히려 유머로 분위기를 반전시켰다. 갈등을 조정하는 정치력도 그의 이런 넉넉한 배포와 여유에서 나온 것이다.

그렇다. 유머에는 위기마저도 언제나 나에게 좋은 것으로 역전시킬 수 있는 힘이 있다. 유머에는 상대방을 끌어당기는 힘이 있기 때문이다. 정치인 링컨은 유머를 자유자재로 활용한 사람이었다.

어느 날 링컨이 길을 걷는데 한 남자가 그의 얼굴에 총을 들이 대며 쏘려고 했다. 하지만 링컨은 태연히 물었다.

"지금 뭐 하는 짓이요."

그러자 그 남자는 총을 갖다 댄 이유를 말했다.

"나는 내 얼굴이 너무 못생겨서 나보다 못생긴 사람을 쏘겠다고 맹세한 적이 있었소!"

그러자 링컨이 웃으면서 말했다.

"그게 사실이라면 지금 당장 쏘시오. 내가 당신보다 못생긴 게 사실이라면 나도 더 이상 살고 싶지 않소."

너무나 황당했던 그 남자는 얼른 그 자리를 떴다고 한다.

링컨이 청년 시절에 급하게 시내에 나가야 할 일이 생겼다. 하지만 그에게는 마차가 없었다. 마침 그때 마차를 타고 시내에 들어가던 노신사를 만났다.

"어르신, 죄송하지만 제 외투를 시내까지 좀 배달해주시겠습니까?"

"그야 어렵지 않지. 그런데 시내에 가서 누구에게 자네의 외투를 전해주면 된단 말인가?"

"어르신, 그것은 조금도 염려하지 않으셔도 됩니다. 제가 항상 그 외투 안에 있을 테니까요."

오바마 대통령은 링컨의 유머를 이렇게 평가했다.

"링컨의 위대함은 국가 위기 때 언어와 신념으로 나라를 통합하고 바꾼 것이다."

원래 링컨은 잘 웃는 사람이 아니었다. 가난과 싸우면서 그리고 수많은 실패와 시련을 겪으면서 웃음을 잃어버리고 살아온 세월이 적지 않았다. 지독하게 가난한 집에서 태어나 어린 시절 어머니를 잃고 돈이 없어 공부를 제대로 하지 못하는 등 어려서부터 노동만 하며 갖은 고통을 겪었다. 동업자와 첫 사업을 시작했지만 결국 큰 빚만 졌다. 무려 17년 동안 혼자서 그 많은 빚을 다 갚았다.

24세 되던 해 그때까지 앤 러틀리지라는 단 한 명의 여인만 사랑했는데 그녀가 장티푸스에 걸려 세상을 떠나고 말았다. 어린 시절부터 가장 사랑했던 엄마와 누나 그리고 약혼녀까지, 자신이 너무나도 소중히 여겼던 세 여인을 잃은 슬픔에 링컨은 슬픔을 못 이겨 세 번이나 자살을 시도했었다. 결국 신경쇠약으로 정신과 치료까지 받았으며 그 후 평생 우울증에 시달렸다. 하지만 그는 어두운 현실과 끝 모를 시련으로 인한 깊은 슬픔 속에서도 웃음만이 자신의 삶을 지탱해줄 유일한 희망이라고 생각했다. 그래서 그는 일평생 훈련으로 유머 감각을 키우며 살아왔던 것이다. 날마다 유머에 관련된 책을 보면서 잠자리에 들었으며 어디를 가나 웃음을 스트레스 해소의 가장 좋은 처방법으로 활용했다.

"결국 미국인은 링컨의 유머 덕분에 미국 문화에서 오랫동안 지속되어온 관습이었던, 말도 없고 잘 웃지도 않는 엄숙한 모습의 초기 청교도적 삶의 방식을 내려놓을 수 있었던 것"이라고 정치 전문가들이 이야기하는 것도 바로 이 때문이다. 우리가 보통 생각하기에는 별것 아닌 것 같은 링컨의 수많은 유머는 미국의 역사뿐 아니라 오늘날 미국인들의 성격까지 '스마일' 성격으로 바꾸어놓았다.

링컨의 유머 내공에서 수많은 국민이 인격적 매력을 느낄 수 있었다고 말한다. 링컨은 유머 감각에 관한 한 그 순발력과 재치가 미국 역대 대통령 가운데서 가장 뛰어났다. 한마디로 그는 뛰어난 재담꾼이었다. 그는 대통령이 되었을 때도 특정 원칙을 설명하는 재미있는 이야기를 하면서 수많은 정치인과 많은 시간을 보냈다. 링컨 대통령이 죽기 수초 전 이 땅에서 남긴 최후의 한 마디도 위트 있는 유머였다.

그는 상대방과 대화를 할 때 언제나 편안함을 주는 사람이었다. 그래서 대화를 시작하면서부터 상대방은 링컨에게 이끌렸다고 한다. 링컨이 구사한 유머에는 인간미와 평등 정신이 담겼다. 논쟁을 벌일 때도 거기에 걸맞은 유머를 적절히 사용해서 시선을 집중시키거나 논쟁을 유리하게 이끌어가는 데 탁월한 능력이 있었다. 링컨 리더십에서 유머를 빼놓을 수 없는 것이다. 링컨의 유머는 정적마저도 절대적인 우군이 되도록 만들었다. 유머라고는 찾아볼 수 없는 지루한 논쟁, 자신의 입장만 내세우는 편협한 시삭으로 가득 찬 한국의 정치 문화에서 참 아쉬운 대목이 아닐 수 없다.

미국인뿐 아니라 세계인이 링컨을 존경하는 이유는 단지 그가 노예해방과 같은 엄청난 업적을 이루어내어서만은 아닐 것이다. 수많은 시련과 난관을 극복하고 긍정적인 리더십으로 늘 유머와 웃음을 달고 다닌 그의 따뜻하고 인간적인 면이 오랫동안 기억되고 있기 때문일 것이다.

그렇다. 유머는 다름 아닌 긍정의 심리에서 시작된다. 유머를 잘 구사하는 사람은 사람이 따라오게 하는 능력이 탁월하다. 여자들이 유머러스한 남자를 좋아하는 것도 이 때문이다. 사람은 밝은 사람과 가까워지고 싶어하기 때문이다.

그렇다면 어떻게 하면 유머를 잘할 수 있을까? 물론 타고난 것도 있겠지만 노력을 해야 한다. 타고난 끼보다 노력이 훨씬 더 중요하다. 평소 유머에 관심을 가지고 좋은 내용은 스크랩도 하고 외우고 부지런히 실습도 해야 할 것이다. 내 것으로 만드는 훈련을 꾸준히 해야 한다.

유머를 잘 구사한다는 것은 아무래도 다른 사람들보다는 여유가 있다는 것이다. 현재를 충분히 즐기면서 살아가고 있다는 것이다. 지금의 나를 행복하게 해줄 수 있어야 다른 사람들까지 행복하게 해줄 수 있지 않겠는가. 특히 내가 지금 느끼는 행복감은 내 주위에 있는 모든 사람에게 만족감과 마음의 평화, 그리고 성공의 기운을 준다. 그러니 행복감이 충만한 사람의 유머에는 다른 사람들을 끌어 모으는 능력이 있다.

웃음을 연구하는 과학자들은 많이 웃는 사람일수록 성공할 확률, 승진할 확률이 높으며 뇌의 부정적인 성향을 더 많이 치료할 수 있다고 한다.

그러므로 간단하다. 유머 감각이 풍부한 사람은 웃을 일이 더 많기 때문에 행복한 일이 더 많은 것이다. 유머는 나 자신에게도 힐링이 된다.

유머로 사람을 움직이는 능력이 탁월했던 링컨, 그는 유머로 수많은 사람에게 신뢰감을 주어 경계심을 풀도록 했다. 더 나아가 링컨은 유머로 동질감을 심어주며 자기 사람을 만들어내는 데 탁월한 능력을 발휘한 사람이었다. 유머는 그의 삶에서 엄청난 비중을 차지했다고 할 수 있다.

우리의 인생 앞에는 언제나 시련이 있다. 그래서 그러한 고난을 넘느라 많은 시간을 들이기도 하지만 매번 힘들다고 불평하고 짜증 내는 것이 아니라 웃으면서 긍정적인 사고로 전환하려고 할 때 그 웃음이 세상과 고난을 이겨내는 힘이 되는 것이다. 유머로 세상을 바꾼 대통령, 링컨처럼 말이다.

감사하는 자는
발전한다

감사할 줄 아는 사람에게는 반드시 발전이 있다.

- 링컨

링컨이 일생을 살아가면서 감사하는 삶을 살았다는 것은 링컨의 위인전 한 권만 읽어보아도 누구나 공감할 것이다. 링컨은 어린 시절 아주 작은 시골 동네, 그것도 미시시피 강을 200킬로미터나 거슬러 올라가야 나오는 두메산골에 인적이 매우 드문 울창한 숲속에서 자랐다. 숲속에 있는 토끼와 사슴, 다람쥐와 벗하며 낭만적으로 자랐다지만 그곳은 가끔 곰이나 늑대도 어슬렁어슬렁 걸어 다닐 정도로 위험한 깊은 산골이었다. 포효하는 곰에 대한 공포가 긴 밤을 가득 채우던 곳이었다.

하지만 링컨은 비록 가난하고 통나무집에서 보내는 어린 시절이었지만 식사 때마다 하나님께 감사기도를 드렸다. 도리어 가난을 행복으로 여기며 감사하는 삶을 살았던 것이다. 공부를 제대로할 수 없는 가정 형편이었지만 희망을 잃지 않고 먼 길을 마다하지 않고 책을 구하러 다녔다. 책을 볼 수 있다는 것만으로도 감격하며 항상 감사하는 삶을 살려고 노력했다고 그는 자주 고백했었다. 그렇다. 행복이란 소박함 속에서도 스스로에게 만족할 줄 아는 사람에게만 찾아오는 것이다.

그의 인생은 파란만장한 삶의 연속이었다. 하지만 그는 매 사건을 자신의 불행으로 해석하여 좌절하지 않았다. 오히려 그가 섬기는 하나님이 허락하신 믿음의 눈으로 매 순간 감사를 선택하며자신의 삶을 바라보았다. 그가 거쳐간 직업은 농부, 뱃사공, 장사꾼, 레슬러, 군인, 우체국 직원 등 무려 열 가지가 넘었다. 하지만어린 시절의 가난을 생각하며 일할 수 있다는 그 자체만으로도 언제나 감사하는 마음으로 모든 일에 최선을 다했다.

링컨은 23세의 젊은 시절, 시골에서 첫 사업을 했다. 하지만 실패를 경험했다. 그로부터 2년 후 링컨의 친구 오푸트가 남부 지역으로 이주를 하게 되어 뉴살렘을 떠나야 할 때 링컨은 동업 형식으로 다른 사람과 함께 그의 잡화점을 인수하게 되었다. 하지만 사업은 제대로 되지 않았다. 결국 링컨은 당시로서는 상당한 액수인 1100달러의 부채를 진 채 파산하게 되었다. 그 당시 미국의 상법은 사업체가 파산했을 경우 채무자가 그 지역을 떠나면 무조건 빚을 탕감받을 수 있었다. 그러나 링컨은 다른 주로 떠나지 않고 뉴살렘에 남아서 채권자들에게 빚을 갚을 것을 약속했다. 그리고 무려 17년이나 걸려서 그 큰 빚을 다 갚았다. 후일에 그는 그 돈을 갚아나가면서도 위기가 수도 없이 많았지만 그런 위태로운 삶을 지탱해준 것은 항상 감사하는 마음이었다고 술회했다.

링컨의 결혼은 조금 불행한 결혼이었다. 아내와 맞지 않는 부분이 꽤나 있었다. 하지만 가정을 허락해주신 하나님께 늘 감사하는 마음을 가졌고 그런 가운데서도 아내를 지극히 사랑했다. 하원에 처음 입후보했지만 열두 명 중에서 8위로 떨어졌다. 그리고 두 번 연속 낙선했다. 상원에 입후보했다가도 역시 연거푸 두 번 떨어졌다. 첫 번째 약혼녀는 죽고 나중에 결혼해서 태어난 자식들도 연이어 둘이나 죽는다. 그래도 그의 감사하는 마음은 조금도 흔들림이 없었다. 특히 성경이 자신에게 가르쳐준 교훈에 대한 감사를 저버리지 않았다고 자주 고백하곤 했다. 그는 어려움에 처할 때마다 다음과 같이 담담하게 고백했다.

"길이 미끄럽기는 하지만 아주 낭떠러지는 아닙니다. 감사하는 사람에게는 발전이 있고 그런 사람에게만 창의력이 있습니다."

이러한 그의 감사 정신이 미국의 국가 경영에까지 연결되어 추수감사절을 최대 경축일로 제정하는 데까지 이른 것이다. 링컨은 이처럼 현재에 대한 단편적인 사건 해석을 넘어 감사함으로써 고난 속에서도 미래의 소망을 발견했던 사람이다.

그렇다. 감사는 범사凡事, 곧 모든 일에 감사하는 것이다. 환경과 조건에 따라 좋을 때만 감사하는 것은 감사가 아니다. 그런 감사는 누구나 할 수 있다. 도저히 감사할 수 없는 여건에서도 감사하는 것이 "범사에 감사"이다. 범사에 감사한다는 것은 우리 인생의 기준을 바로 세울 수 있는 지혜를 공급해주는 것이다. 그렇기에 어떠한 어려운 문제를 만나도 좌절하지 않게 된다.

때로는 우리가 살아가면서 감사로 생각하기에는 너무나 고달프고 힘든 상황들을 만나기도 한다. 어쩌면 그러한 상황에서도 감사를 해야 한다는 것은 일견 잔인해 보일 수도 있을 것이다. 하지만 그 속에서도 감사할 수 있는 마음을 가질 때 이제껏 당연하다고 생각했던 것들, 그리고 그동안 전혀 감사하지 않았던 모든 것의 가치를 알게 되는 것이다.

지금 내가 살아서 이 자리에 있다는 것도 내가 바라서 그렇게 된 것이 아니다. 당연시했던 삶이 눈 깜짝할 사이에 사라져버릴 수 있는 것이 우리의 인생이다. 감사란 내게 없는 것을 찾아 헤매는 것이 아니다. 지금 내가 가지고 있는 것에 만족하는 것이다. 비록 적다 할지라도 지금 내가 가지고 있는 것의 소중함을 깨닫는 것이다. 그럴 때 삶은 더욱너 풍족해지며 그 안에서 삶의 기쁨과 행복을 누릴 수 있게 된다. 세상에서 가장 행복한 사람은 가장 많이 소유한 사람이 아니다. 감사하는 사람이다.

에이브러햄 링컨! 그는 거듭되는 실의와 불행을 통하여 오히려 인내하고 감사하는 강한 믿음을 소유하게 되었다. 때로 사람들은 하루하루가 매우 단조롭다고 생각하며 지겨워하거나 불평하기도 한다. 삶에 대한 설렘이나 기대감도 없이 그저 흘러가는 대로 하루의 시간을 보내기도 한다. 하지만 어느 날 자신이 큰 아픔을 겪고 나서야 비로소 지루하다고 불평했던 그 일상이 얼마나 소중하고 행복했던 시간이었는지 깊이 반성하며 깨닫게 된다. 그만큼 우리 인간은 어리석은 존재다.

인생이란 그렇다. 행복해서 감사하는 것이 아니다. 감사하면 행복해지는 것이다. 지금 나는 링컨처럼 그런 감사의 삶을 살아가고 있는가?

링컨의 전기를 쓴 작가들이 이구동성으로 인용하는 구절이 하나 있다.

"하나님께서는 링컨에게 위대한 사람이 될 만한 조건 그 어느 것 하나도 주지 않으셨다. 가난과 더불어 훌륭한 신앙을 가진 어머니를 주셨을 뿐이다."

링컨의 감사하는 마음은 어머니 낸시로부터 시작되었다. 어머니의 성경 사랑과 기도하는 그 모습이 평생 그의 마음에서 떠나지 않았다. 링컨이 열 살 되던 해에 어머니 낸시가 세상을 떠나면서 성경책 한 권을 유산으로 남겨주었던 것이 링컨으로 하여금 평생 감사하는 삶을 살도록 만들었다. 좌절하고 싶었을 때가 헤아릴 수 없이 많았지만 그를 지켜주는 가장 큰 버팀목이 되었던 것은 바로 감사하는 마음이었다. 링컨은 단지 굳건한 의지와 자기의 노력만으로 인생의 역경을 헤쳐 나온 사람이 아니었다. 링컨의 삶은 어찌 보면 철저한 기독교적 신앙인의 삶, 감사하는 삶이 있었기에 가능했음을 알 수 있다.

신앙인이 아니었던 노무현 대통령이 국가 조찬기도회 때 연사로 나와 이런 말을 했었다.

"지금은 나라가 아주 어려운 때입니다. 우리 모두가 어려운 나라를 위해 한마음으로 기도할 때입니다."

그리고 이어서 노 대통령은 "우리가 링컨을 본받아야 할 점은 링컨의 진실한 신앙, 하나님을 경외하고 그분만을 의지하는 감사의 신앙이라고 생각합니다"라고 말했다.

그렇다. 우리가 어려운 순간에도 찾아야 하는 것은 감사의 마음뿐이다. 그 감사의 마음이 어떠한 역경에서도 반드시 나를 일으켜 세우기 때문이다.

감사는 긍정의 눈으로 삶을 해석하는 능력이다. 우리의 삶은 수많은 사건으로 점철되어 있다. 기쁜 순간에 대헤 감사하는 것보다 고난과 실패의 순간에도 감사를 선택할 줄 알아야 한다. 역경과 시련, 실패와 불행 속에서도 좌절하지 않고 감사하는 삶이 우리를 일으켜 세우는 원동력이 된다. 그처럼 감사의 삶을 살 때 불행과 실패를 행복의 자산으로 만들어나가는 인물로 만들어져 나갈 것이다. 링컨처럼.

흔들리지 않는
강력한 리더십

한 인간의 인격을 시험해보려면

그에게 권력을 주어보라.

— 링컨

대한민국이 뒤집어졌다. 대통령에 대한 실망이 분노로 커지면서다. 그리고 대한민국은 여전히 리더십을 지닌 인물을 필요로 한다. 링컨의 강력한 리더십의 핵심은 힘든 선택을 피하거나 미루거나 떠넘기지 않고 용기 있게 고뇌에 찬 결단을 내리는 데 있었다.

대통령의 강력한 리더십은 국정 운영에 엄청난 영향을 끼치는 아주 중요한 요소이다. 어느 나라 국민이건 새로운 지도자를 뽑는다는 것은 미래를 향한 희망을 전제로 하는 것이다. 모든 국민은 언제나 미래 지향적인 비전과 희망을 추구한다. 그래서 늘 강력한 대통령을 원하는 것이다. 강력한 지도력만이 현재의 난국을 타개하고 국가의 질서를 세워 나갈 지혜와 권능을 발휘할 수 있다고 믿기 때문이다.

링컨은 남북전쟁이 막 발발하려던 시점에 군 통수권자가 되었다. 사실 그는 군대를 지휘할 능력은 별로 없었다. 그러나 그는 가장 위험하고도 중요한 시기에 국가 전체를 결속시키는 강력한 리더십을 발휘했다. 링컨은 이미 본능적으로 리더십의 감각을 갖추고 있었을 뿐만 아니라 수많은 훈련과 교훈을 통하여 리더십을 익혀왔던 것이다.

남북전쟁 중 어느 날 영국 선박 한 척이 나포되었다는 보고가 급히 올라왔다. 그때 링컨의 수석 자문관들은 영국이 전쟁을 일으키게 함으로써 미국을 통일시킬 수도 있을 것이라고 강하게 제안하였다. 그러나 링컨은 이렇게 답했다.

"절대로 안 됩니다. 전쟁은 반드시 한 번에 하나씩 해야 합니다."

링컨이 강력하게 반대하며 기어이 진화에 나선 것이다. 링컨은 강력한 리더십이 필요할 시에는 언제나 확고한 태도를 견지하며 양보하지 않았다. 어려운 결정을 내려야 할 때마다 분명한 의지와 탁월한 능력뿐만 아니라 확실한 자신감을 가지고 행했다. 분명 그는 강한 신념과 열정을 보유한 진정한 정치인의 대명사였던 것이다.

링컨은 평소에는 다른 사람들의 자발성을 최대한 존중하지만, 자신이 결단해야 할 중요한 순간에는 누가 뭐라고 해도 과감하게 결정하는 스타일이었다. 전쟁 중에 나라 안팎의 적대적 여론에 대처할 때도 그랬다. 새로운 무기의 성능까지도 직접 가서 꼼꼼하게 살폈던 그는 배 스무 척을 만들라고 해군에 강력하게 명령하기도 했다. 남북전쟁 중에는 그 많은 장군에게 직접 수많은 명령을 내렸으며 자신의 재가를 받지 않은 어느 장군의 명령과 선언을 무효로 만들기도 했다. 자신이 믿고 맡겼던 체이스 재무부장관이 여러 차례 사임 의사를 흘리면서 오히려 이를 자신의 뜻을 이루는 책략으로 이용하자 체이스의 사임을 재빨리 수리해버리는 등 중대한 일을 만나면 단호하게 결정해나가는 그의 강력한 리더십은 가히 독보적이었다.

잘 알다시피 링컨은 노예해방을 아주 강력하게 밀어붙인 사람이다. 내각은 처음부터 계속해서 노예해방을 반대했다. 몇 달간 열띤 토론이 이어졌다. 하지만 링컨은 노예해방을 할지 말지 여부에 대한 논의는 필요 없다고 단언한 후 노예해방을 전제로만 계속 회의를 하자고 고집을 부렸다. 이와 관련하여 수많은 역사가가 한목소리로 말한다.

"이러한 링컨의 흔들리지 않는 강력한 리더십과 단호함이 없었다면 연방이 무너질 수도 있는 위태로운 상황에서 결코 혁신적인 변화는 일어나지 못했을 것이다."

분명 그는 조국의 산업화와 민주주의를 이루는 과정에서 강력한 리더십으로 흐트러진 국기國基를 바로잡아나간 대통령이었다.

물론 링컨에게 강력하게 밀고 나가기만 하는 리더십만 있었던 것은 아니다. 패러독스(역설) 같은 스타일도 있었다. 분명 그는 일관성을 완벽하게 유지하는 스타일이었지만 현안이 처한 상황상 필요하다면 예외적으로 밀고 나가는 유연성 또한 갖추고 있었다. 실제로 링컨은 유연성을 발휘하며 화합을 외치는 정치를 하여 여러 분야에서 주도권을 확보할 수 있었다. 예를 들면 의회가 자신의 법안을 비준해주기를 무작정 기다리지 않았다. 대통령으로 집권하는 동안 링컨은 국회의 공식 승인을 받지 않고 예산을 집행하는 선례를 만들었다. 대통령 자신이 먼저 앞장서서 대담하게 행동했다. 특히 법의 규정이 애매모호한 여러 분야에서는 먼저 필요한 사람을 모으고 그 구성원의 단결과 화합, 생산성 극대화를 위해 자신의 모든 능력과 유연성을 발휘했다. 그것은 자신의 정책에 대한 비판을 완화시켜나가는 계기가 되기도 했다. 한마디로 조직원의 힘을 하나로 모으는 강력한 통솔력의 리더십이 탁월한 사람이었다.

"나는 이용 가능한 카드를 써보지도 않고 결코 이 게임을 포기하지 않을 것입니다."

그렇다. 강력한 리더십의 중요한 자질 중 하나는 자신만의 스타일을 고집하기보다는 유연성의 정치를 할 수 있는 능력을 갖추고 있어야 한다는 것이다. 강력한 리더는 단호해야 할 때도 있지만 주위에 많은 사람과 접촉할 수 있는 기회를 만들어나가는 능력도 있어야 한다. 때로는 자신에 대한 비판조차도 기꺼이 받아들이겠다는 각오가 서 있어야 한다. 함께 일하는 사람들에게는 상당한 권한을 주어 자율적인 사고를 고무시켜야 한다. 그렇게 조직의 효율성을 만들어낼 수 있는 유연성의 정치를 펼쳐나갈 수 있어야 한다. 링컨이 지금도 세계 정치사에 가장 훌륭하고도 위대한 정치인으로 남아 있는 것은 바로 그의 이 같은 강력한 리더십이 있었기에 가능한 일이다.

그렇다면 강력한 리더십이란 무엇인가? 무조건 강하게 밀어붙이기만 하면 되는 것이 강력한 리더십인가? 그것은 아니다. 강력한 리더십에는 나라와 국민을 생각하는 철학이 있어야 한다. 용서와 사랑과 관용, 자유와 평등, 정직과 소통, 목표에 대한 열정, 선의의 인간 본성들, 이러한 정치적 철학이 있을 때 강력한 리더십이 빛을 발하는 것이다. 링컨이 그와 같이 진실의 꽃씨를 뿌렸던 것처럼 그러한 대통령이 대한민국에도 나오기를 기대한다. 이제 한국도 세계 10위권 안에 들어가는 경제 대국이 되었다. 또한 한국 사회는 계층 간에 정치·경제·사회·문화적 욕구가 엇갈리며 다양성을 포용하고 융합하는 사회 분위기가 절실히 요구되고 있다. 이러한 긴요한 변화를 이루려면 정치적 철학과 진정한 지도자의 덕목을 갖춘 강력한 리더가 나서야 한다.

특히 강력한 안보 확립과 한미 동맹 강화가 필요하다. 국제 외교를 강화해 5천만 국민의 생명을 보호하며 대화와 타협을 중시하는 리더십으로 융합의 촉매가 될 때 대한민국뿐만 아니라 국가 간의 화학적 통합도 가능해질 것이다. 당장 눈앞의 인기나 자신의 이익이 아니라 따뜻한 인간애를 지니고 먼 미래를 내다보는 혜안이 있는 대통령을 만날 수 있다면 더 나은, 위대한 대한민국을 만들어나갈 수 있으리라 확신한다.

3부

꿈은 사람으로
이루어진다

리더십의 핵심,
소통과 포용

누구도 다른 사람의 동의 없이 그를 지배할 만큼 훌륭하지는 않다.

– 링컨

링컨은 가히 정치 천재다. 그리고 소통의 달인이다. 4년간의 남북전쟁 전사자는 무려 61만 8천 명이었다. 그야말로 많은 피가 흘렀다. 하지만 남북전쟁이 링컨의 북군 승리로 확연하게 기울어지고 있었고, 링컨이 재선에서 대통령에 다시 당선된 지 얼마 되지 않았을 때인 1865년 1월, 워싱턴 정가에는 숨 가쁜 정적이 감돌고 있었다. 링컨의 여당(공화당)은 다수당이었지만 여당 전원이 찬성해도 헌법 수정 정족수 3분의 2를 채우지 못했던 것이다. 무려 20

표가 부족했다. 야당인 민주당은 남부 정부와의 평화 협상을 앞세우며 당 차원의 타협과 양보는 불가하다고 했다. 링컨은 선택의 기로에 섰다. 하지만 여기서 링컨은 과감하게 소통과 설득의 정공법을 택한다. 밤늦게까지 야당 의원 집을 일일이 찾아다니며 어둠 속 문 앞에서 링컨의 소통의 리더십이 강렬하게 펼쳐지기 시작한다. 결국 법안은 두 표 차이로 극적으로 통과된다. 링컨의 진정성 있는 소통이 빛을 발하며 최고의 리더십을 보여준 순간이었다. 훗날 정치인들이 링컨 정치의 이중성을 꼬집기도 했지만 그의 소통이 만들어낸 힘은 위대함으로 바뀌면서 링컨 정치의 노회한 면모를 모조리 상쇄해버리게 된다.

그뿐만이 아니었다. 위험한 전쟁의 포화 속에서도 직접 전장으로 가서 수많은 사병을 만나 격의 없이 대화를 나눈 링컨은 소통으로 자신의 위대함을 증명해나갔다. 필요에 따라 목격자들을 불러들여 자신이 직접 모든 상황에 대한 설명을 듣기도 했다. 군인의 사무실까지 직접 찾아다니며 그들의 필요를 경청하고 이해해나가면서 군인과 국민을 위한 공약을 만들어내기도 했다. 이처럼 링컨은 인내심을 가지고 끝까지 소통의 리더십을 발휘했기 때문에 두 개의 나라로 분열될 위기에 처해 있던 나라를 대통합으로 이끌어내는 지도자로 우뚝 서게 된 것이다.

그렇다. 그는 견해가 다른 어떠한 적과의 소통도 두려워하지 않았다. 오히려 적극적으로 토론하고 설득하며 적과의 공통점을 찾

▲ 링컨은 소통의 달인이었다.

아 통합하려 애썼다. 링컨은 소통 결핍증에 걸려 있다는 지적을
받는 대한민국 대통령들의 정치를 떠올리게 한다. 소통이 부족하
고 소통이 원활하지 않은 대한민국에는 링컨의 합리적, 통합적 소
통이 필요하다.

링컨은 그야말로 탄복할 만한 소통의 귀재였다. 어떠한 상대든 그 사람의 마음을 열 수 있는 천부적인 소질을 가졌던 링컨은 미국의 역대 대통령 중에서도 가장 소통을 잘하는 사람이었다. 그는 대통령이라는 자신의 권력과 명성을 총동원해서라도 문제 해결에 앞장섰다. 또한 중요한 결정을 앞두고 있을 때는 비록 민간인들이라 할지라도 이해관계가 있는 당사자들을 불러 모아 문제를 소통으로 해결해나가는 데 탁월한 능력을 보인 소통의 대가였다. 특히 그가 즐거워하는 일 중 하나가 바로 소통을 통한 토론이었다. 링컨은 그것을 아주 좋아했다.

링컨은 대통령이 되었을 때도 정치인들이나 민중과의 토론을 통해 그들이 자신을 신뢰할 수 있도록 소통을 하고, 적절한 방안을 제시하고, 그다음에는 가능한 한 그들이 자발적으로 그 일을 처리하도록 하는 방식을 선호했다. 당내 화합을 이룬 데에만 머물지 않고 야당이나 시민과 끊임없이 토론을 이어가기도 했다. 중요한 결정을 내려야 할 때도 상대방의 의견을 듣기 위해 직위나 신분의 고하를 막론하고 그들을 만났다.

또한 대통령과의 면회를 원하는 사람은 거의 다 거부하지 않고 만나주었을 정도로 소통과 토론 자체를 즐기는 사람이었다. 링컨이 행한 수많은 토론 가운데서 사람들은 그의 여러 다양한 인성을 이해하고 헤아릴 수 있게 되었으며 이를 통하여 링컨은 결국에는 정계 전반의 사람들, 특히 다른 정치관을 가진 사람들과도 유용한 소통과 협력의 관계를 맺을 수 있었던 것이다.

그의 비서진의 말에 따르면 링컨은 소통을 위하여 자신의 사무실을 방문하는 내각 위원, 군 지도자 그리고 시민과 만나는 데 무려 자신의 시간 중에 75%나 사용했다. 재임 기간 중에 백악관 안보다는 백악관 밖에서 더 많은 시간을 보낸 것도 다 그런 이유에서였다. 한마디로 그는 모든 국민이 왜 자신이 그런 결정을 내렸는지 알 권리가 있다고 생각했다. 더 나아가 사람들에게 직접 다가감으로써 자신의 정책에 대한 비판을 완화시켜나가는 것이 가장 중요한 소통의 과제라고 생각했다. 바로 이것이 링컨을 특별하게 만든 소통과 화합의 리더십이었던 것이다.

국민이 생각하는 정치인의 가장 큰 매력은 무엇일까. 국민의 감정을 이해하려고 노력하는 소통과 포용의 리더십을 보이는가이다. 링컨은 그것이 얼마나 중요한지를 아는 대통령이었다. 정치인으로서 소통의 힘이 얼마나 무서운지를 아는 진정한 '국민의 대통령'이었던 것이다.

링컨이 말하는 리더십의 핵심 조건은 결국 소통과 포용이다. 이러한 소통과 포용의 리더십을 타고나지 않았다면 노력을 해서라도 습득해야 한다. 이것을 우리는 전략적 소통Strategic communication이라고 말한다. 우리의 인생도 마찬가지다. 나 자신이 소통이 부족한 사람이라고 생각된다면 각본에 의한 학습이나 노력으로 소통의 대가가 될 수 있도록 스스로를 만들어나가야 힌다. 특히 개인적인 만남이나 소그룹과의 만남을 소중하게 생각해야 한다.

이와 마찬가지로 한 나라의 지도자에게 있어 무엇보다 중요한 것이 대중에게 먼저 다가가려는 따뜻한 마음가짐과 지속적인 노력이다. 소통을 잘하는 사람은 인생을 참 잘 사는 사람이다. 이유는 간단하다. 인간관계가 좋기 때문이다. 관계에서 소통만큼 중요한 것은 없다. 진심 어린 소통은 무한한 감동을 만들어나간다.

소통의 목적은 공감대 형성이다. 그것은 '하나 됨'의 능력이다. 사람은 상대방의 마음을 많이 느낄수록 행복해진다. 대통령이 되고 난 후에도 많은 사람이 링컨을 더 많이 알고 싶어했던 이유도 바로 이것이었다. 그의 다양한 지식은 물론이고 사회를 보는 통찰력과 협력의 자세 그리고 소통의 리더십을 배울 수 있었기 때문이다. 링컨이 보여준 소통의 모습을 통하여 국민은 대통령으로서 그의 역량을 이미 보았던 것이다.

"사람들은 내가 유머러스하고 재미있는 이야기를 많이 하고 또 잘한다고들 말합니다. 물론 나도 그렇게 생각하지요. 그러나 나는 그것보다 평범한 사람들의 경험이 다른 사람들에게도 더 통한다고 생각합니다. 저는 다른 어떤 방법보다도 광범위하고 흥미 있는 설명이라는 매개 수단을 통해 사람들이 더 쉽게 영향을 받는다는 사실을 경험을 통해 많이 배웠습니다."

링컨은 대통령에 재선된 후 곧바로 노예제도 폐지 절차 문제를 놓고 정치적 견해가 가장 크게 상반되었던 정적 더글러스를 일부러 순회특사로 임명했다. 그리고 그에게 연방정부가 전쟁을 수행할 수밖에 없는 이유를 각 주에 소상하게 설명하라고 직접 지시하기도 했다. 노예제 폐지안을 그 누구보다도 강하게 주장했던 공화당의 급진파 의원 새디어스 스티븐슨이 "19세기 가장 위대한 법안은 부패로 통과되었다. 미국에서 가장 순수한 사람의 교사敎唆와 방조로"라고 표현했을 만큼 노예제가 폐지되기까지 모든 과정이 순탄치 않았다. 특히 헌법 수정안 통과를 위해 흑백의 무조건적 평등, 즉 인간의 평등이라는 주장을 유보하고 한 발 물러나 '법 앞의 평등'이라는 정치적 수사를 써서 난처한 상황을 교묘하게 피해 나간 것은 진흙탕 정치 게임 속에서 빛을 발하는 링컨의 영리함과 세련됨을 보여주었다.

링컨은 반대하는 사람들을 직접 찾아가 일대일로 한 명씩 설득해나갔다. 그러한 수많은 일련의 소통 과정을 보면서 미국 국민들은 링컨이 시대정신을 정확하게 읽고 상대의 공감을 끌어내는 능력을 지닌 인물이며 대통령의 훌륭한 리더십은 결국 소통에서 나온다는 것을 알 수 있었던 것이다.

링컨은 대통령 선거 유세를 하면서 자주 이런 말을 했다.

"우리 제도의 이념은 인간의 지위 향상을 목적으로 하고 있습니다. 그러므로 나는 우리의 이 제도를 타락시키는 일에는 그것이 무엇이든지 반대할 것입니다."

자신의 의견만을 고수하기 위해 명령만 하는 독재자의 모습이 아니었다. 다른 사람들의 의견도 자신의 것과 마찬가지로 존중하겠다는 의미이다. 대통령에 취임한 날부터 링컨은 곧바로 이러한 원칙을 실제적으로 구현해나가기 시작했다.

진정한 리더는 개인적인 위협 같은 것을 두려워하지 않고 기꺼이 다른 사람들의 말에 귀를 기울이고 충고를 받아들인다. 그런 의미에서 링컨은 국민과의 소통을 위한 최선의 방법은 자신이 내리는 결정에 가장 영향을 많이 받게 될 사람들과 비공식적인 자리에서조차도 대화를 많이 하는 것이라고 늘 생각할 수밖에 없었던 것이다. 명령이나 지시보다는 소통을 통해서 최선의 방향을 암시하거나 제시해줌으로써 조직이 나아가야 할 방향을 잡아주었다.

링컨은 대통령으로 태어난 사람이 아니다. 그도 우리와 똑같은 보통 사람으로 태어났다. 하지만 그는 훌륭한 리더로 거듭나기 위해 단호한 의지력을 겸비하고 눈물겨운 노력을 했다. 가장 중요한 것은 그가 설득가가 되기 위해 끈질긴 인내심이 요구되는 소통에 자신의 모든 것을 투자했다는 것이다. 아무리 자신에게 불리하고 자신이 환영받지 못하는 상황이라도 먼저 다른 사람들과 소통으로 해결하기를 원했다. 불통의 오명을 안고 있는 대한민국의 대통

령들에게는 이처럼 링컨의 진정성 있는 소통이 절실히 요구되는
것이다.

멘토를
찾아가다

자기가 살아가는 목적은 자신의 이름을
우리 시대의 사건과 연결하는 것이다.
이 세상에 함께 살고 있는 이들의 삶에 자신의 이름과
어떠한 유익한 일과를 연결 짓는 일이다.

— 링컨

우리가 인생을 살아가면서 내 주위에 나를 이끌어줄 멘토가 있
다는 것은 대단한 축복이다. 특히 중요한 결정을 내려야 할 때,
불확실한 미래로 두려울 때, 나의 지식이나 노하우가 부족하다고
생각될 때 우리에게는 정말 훌륭한 멘토가 필요하다. 멘토와의 만

남이 내 일생에 아주 중요한 터닝 포인트가 될 수 있기 때문이다.

에이브러햄 링컨의 옆에도 아주 훌륭한 멘토가 있었다. 그레이엄H. L. Graham, 1800~1885이다. 그는 링컨이 짧은 학교 시절에 만난 교사 중 한 사람이다. 그레이엄은 한때 링컨이 좌절하여 실의에 빠져 공부하는 것을 포기하고 있을 때 자신의 집에 머물게 하면서 계속해서 공부를 할 수 있도록 설득해주었다.

링컨의 스승 그레이엄은 그 시대와 그의 나이에 비해 상당히 많은 학문을 쌓은 사람이었다. 그는 상당히 부유한 집안에서 태어났지만 매우 검소했으며 특히 그도 링컨처럼 어려서부터 문학을 좋아하던 문학소년이었다. 후에 그는 카운티에 있는 학교에서 학생들을 가르쳤다.

그레이엄 선생은 링컨이 가난에서 벗어나기 위해 공직 생활에 꿈을 가지고 있다는 것을 알고서 영문법을 많이 가르쳐주고 글을 잘 쓰는 훈련을 시켰다. 그리고 말을 정확하고 간결하게 하도록 가르쳤다. 또한 정치를 하려면 연설을 잘해야 한다며 정확한 언어 사용법과 간결하게 글 쓰는 방법도 가르쳐주었다. 링컨이 사용하는 간결하면서도 가슴에 와 닿는 말과 문체는 바로 그레이엄 선생의 가르침의 영향을 받은 것이다. 따지고 보면 링컨의 그 유명한 게티즈버그 연설 역시 그레이엄 스승의 작품인 것이다. 이후 실제로 게티즈버그 연설에서 명연설을 하게 되었을 때 링컨은 다음과 같이 고백했다.

"이 모든 것이 저의 스승 그레이엄 선생님의 가르침 덕분입니다. 그분의 조언과 적절한 가르침이 저의 사역과 리더로서의 삶을 풍성하게 해주었습니다."

마침내 링컨이 대통령으로 당선된 후 그는 자신의 멘토 그레이엄을 반드시 찾아오라고 지시했고 결국 그레이엄은 링컨 대통령이 취임하는 날 대통령의 옆자리에 앉는 영광을 누리게 되었다. 링컨은 취임식에 모인 수많은 청중 앞에서 그레이엄 선생을 소개했다.

"오늘 내가 이 자리에 오를 수 있게 된 것은 그레이엄 선생님이라는 훌륭한 멘토가 있었기 때문입니다. 이분은 언제나 저를 위해 아낌없는 조언을 해주셨고 늘 옳은 길로 인도해주고 격려해주셨습니다. 선생님은 제가 숱한 실패와 좌절을 겪을 때마다 그것들을 극복할 수 있는 힘과 용기를 주셨습니다."

훗날 그레이엄 선생도 이렇게 고백했다.
"나는 1861년 3월 4일 그날을 지금도 잊을 수가 없습니다. 내 평생에 가장 가슴 벅찬 날이었습니다. 그날 나는 에이브러햄 링컨 대통령 취임식 자리에 있었습니다. 내가 가장 아끼던 제자, 나와 함께 밤새도록 등불을 켜놓고 공부를 가르쳐주었던 제자가 대통령이 된 것입니다. 그가 취임 연설을 하기 위해 단상 위에 섰을 때 나의 두 눈에서는 금세 감격의 눈물이 쏟아져 내렸습니다. 성실하고 정직하고 우직했던 스물세 살의 청년, 함께 공부했던 링컨의 모습들이 주마등처럼 스쳐 지나갔습니다. 그리고 링컨 대통령은 취임 연설에서 우렁찬 목소리로 또박또박 말했습니다. '북부 사람과 남부 사람은 적이 아니라 동지입니다. 결코 우리는 적이 될 수가 없습니다.' 나는 감격하여 대통령의 연설에 뜨거운 박수를 보냈습니다."

멘토의 영향력이 얼마나 대단한지 에이브러햄 링컨의 경우만 보아도 충분히 알 수 있다. 링컨은 그레이엄의 삶을 존경했고 그처럼 살고자 했다. 실제로 링컨은 그처럼 살았다.

그렇다. 내 주위에는 좋은 멘토가 있어야 한다. 없다면 찾아야 한다. 그리고 정중하게 부탁을 드려야 한다. 멘토를 찾을 때는 '항상 나를 믿어주는 사람, 진심으로 격려해주는 사람, 따뜻한 인성과 반듯한 성품을 지닌 사람, 그리고 끊임없이 동기부여를 해줄 수 있는 사람'을 찾아야 한다.

지금 만나고 있는 사람이 인생의 목표가 없고 어리석고 바보같이 살아가고 있다면 더 이상 그 사람 옆에 머물지 말고 떠나라. 지혜로운 사람과 어울리도록 노력해야 한다. 바보 같은 사람과 어울리다 보면 어느새 나도 바보가 되어버린다. 좋지 못한 사람, 나에게 아무런 좋은 영향을 미치지 않는 사람이라면 과감하게 그를 띠날 결심도 해야 한다.

물론 나 자신도 좋은 사람이 되어 더 좋은 사람들과 함께 걸어가는 그런 꿈을 꾸어야 한다. 전부를 바칠 만큼 가치가 있는 일을 하기 위해서 말이다. 오직 좋은 멘토를 만나서 성공할 꿈을 꾸어라. 자신보다 더 나은 사람을 선정해서 그 사람이 걸어갔던 길을 따라가라. 내 옆에 좋은 선생님이 있고, 훌륭한 지도자가 있고, 좋은 멘토를 만난다는 것은 평생의 축복이다. 우리 인생에 누구를 만나느냐가 우리 인생의 질을 결정하기 때문이다.

이스라엘의 첫 번째 왕 사울은 그의 멘토라 할 수 있는 사무엘 선지자의 멘토링에 의해 왕이 되었다. 그러나 왕권이 확립되어가며 자신의 영역이 점점 넓어지자 멘토의 말을 우습게 여기기 시작했다. 사울은 바른 왕도의 길을 벗어나기 시작했고, 다윗의 등장 이후에는 그를 제거하는 데만 혈안이 되었다. 결국 그의 리더십은 무너지고 망가진 모습으로 삶을 마치는 비극의 주인공이 되고 말았다.

왜 멘토의 말을 잘 들어야 하는가? 멘토는 나를 사고事故로부터 미리 막아주는 사람이기 때문이다. 인생에서 어느 길로 가야 할지 자신의 통찰과 경험을 통해 지혜를 전수해주는 멘토가 있다면 우리는 방황의 시간을 많이 줄일 수 있을 것이다.

그렇다면 언제 멘토를 찾아야 할까. 내가 하고자 하는 일이 결정되어 앞으로 나아가기를 원한다면 제일 먼저 그 일에 대한 개발을 시작해야 한다. 무작정 시도해서는 안 된다. 무턱대고 멘토만 찾아 나서도 안 된다. 내가 하고자 하는 일이 어느 정도 개발이 된 후에 자신의 미래의 길을 열어나가도록 영감을 불어넣어줄 수 있는 촌철살인의 조언이 가능한 멘토를 찾아야 한다.

가능한 한 그 분야의 전문가를 만나는 것이 좋다. 자신이 생각하고 있는 분야를 잘 이해하는 멘토를 만나야 꿈을 이루기 위한 구체적인 목표들을 달성해나갈 가능성이 훨씬 높아지기 때문이다. 길을 물으려면 가본 사람에게 물어보아야 한다는 것이다. 그렇게 해서 멘토를 찾았다면 더 이상 주저하거나 두려워하지 마라. 실패할 것이라는 생각이나 낯선 환경에 대한 작은 공포심조차도 가질 필요가 없다. 적극적으로 새로운 그 일에 과감하게 도전하라. 자신의 꿈과 세부적인 목표를 향해 무조건 전진해나가다 보면 어느덧 또 다른 멋진 제2의 인생이 펼쳐지고 있음을 보게 될 것이다.

그리고 하나, 물론 우리가 어려울 때나 위기에 처했을 때 혜안을 얻기 위해 멘토를 찾는 것도 중요하지만, 평상시 가까이 지내면서 멘토와 많은 대화를 나누면서 함께 활동하는 것이 아주 중요하다. 우리가 살아가면서 자신이 가야 할 길을 분명히 알고 있어야 함에도 미처 보지 못하는 사각지대가 반드시 있게 마련이기 때문이다. 그런 때에 멘토는 내가 알지 못하는 것을 알게 하고, 보시 못하는 것을 보게 하는, 미리 바른 길을 안내해주는 인도자가 되어준다. 서로 많은 대화를 나눌 수 있고 투명한 관계를 유지할 수 있는 멘토는 가장 확실한 안전장치가 되는 것이다.

우리는 삶의 현장에서 끊임없이 야기되는 크고 작은 위기들 앞에서 종종 혼자라는 느낌을 받을 때가 있다. 때로는 가족조차도 채워주지 못하는 영역이 있다. 그런 영역에서 나를 신뢰해주고 세워주는 멘토가 있으면 얼마나 큰 힘이 되는지 모른다. 어릴 때부터 링컨의 앞날은 사각지대밖에 없었다고 해도 지나친 말이 아니다. 어둠의 자식처럼 살아갈 수도 있는 환경이었다. 그랬던 그가 그 모든 힘겨운 환경을 넉넉히 극복하고 마침내 대통령직에까지 오를 수 있었다. 그의 그런 힘은 어디에서 비롯되었을까? 훌륭한 멘토로부터 인격적인 감화와 격려, 위로와 도전을 지속적으로 받을 수 있었기 때문이다. 훌륭한 멘토가 그야말로 링컨의 인생을 획기적으로 바꾸어놓은 것이다.

결론적으로 좋은 멘토는 삶의 지혜를 알려주고 격려와 조언을 아끼지 않는 사람이다. 마음먹은 것을 행동으로 옮기는 데 주저함이 없도록 용기를 주는 사람이다. 나의 꿈을 향해 한 발자국 더 가까이 갈 수 있도록 인도해주는 사람이다. 부디 혼자서 고민하거나 아니면 어설픈 사람을 멘토로 생각하여 미숙한 조언을 구하지 마라. 링컨의 경우야말로 멘토의 힘이 얼마나 위대한 일을 하게 하는지를 보여주는 귀한 본보기가 된다.

지금 당장은 조금 손해를 보는 것 같더라도 수많은 사람과 함께 그들 가운데 한 명으로 살아가는 법을 우리는 배워야 한다. 이는 삶이 우리에게 가르쳐준 인간관계에 관한 최고의 노하우 중 하나이다. 혼자보다는 함께 가야 한다. 특히 좋은 멘토와 함께 말이다. 그런 훌륭한 멘토가 나에게 있는가? 없다면 지금 당장 찾아야 할 것이다. 이 땅의 정치인 특히 대통령 주위에 이러한 훌륭한 멘토가 있어야 한다. 우리가 꿈꾸는 축복된 나라, 국민을 위한 국민의 국가로 한 발 더 나아가는 길에 국가적 멘토는 과연 어디에 있는가?

가장
가까운 사람

꽃이 피는 곳에는 언제나 잡초가 난다.

하지만 나는 꽃만을 가꾸는 사람이 되고 싶다.

― 링컨

오늘날 미투Me Too 사건에 연루되어 있는 위선적 지도자들에게 링컨의 아내 사랑은 경종을 울려준다. 스스로 정의로운 척하며 여성 중심 세상, 고통받는 자들이 중심이 되는 좋은 세상을 만들겠다고 큰소리치며 권력을 잡은 위선자들, 그들은 링컨 대통령의 아내 사랑을 보면서 자신의 그 이중성이 얼마나 국민을 우롱한 것이며 얼마나 반인륜적인 큰 범죄인지 반드시 깨달아야 할 것이다.

다시 링컨

링컨이 결혼하기까지 과정은 이러했다. 그는 젊은 시절에 앤 러틀리지라는 여성을 사랑한 적이 있었다. 그래서 청혼까지 했다. 그녀도 링컨을 좋아하여 그의 청혼을 받아들였다. 하지만 그로부터 얼마 후 장티푸스로 사랑하던 그녀를 잃고는 깊은 슬픔에 빠져버린다. 링컨은 큰 슬픔으로 인해 한동안 여자를 사귀지 않고 일에만 열중했다.

그러다가 1842년에 메리 토드Mary Todd라는 여성을 어느 파티장에서 소개받아 연애를 하다가 결혼하게 된다. 토드의 아버지가 완강하게 반대했지만 결국 결혼을 하게 된다. 메리 토드는 켄터키 렉싱턴의 명문가에서 은행가인 로버트 스미스 토드와 엘리자베스 파커 토드의 딸로 일곱 명의 자녀 중 넷째로 태어났다. 당시 토드의 집안은 노예를 상당히 많이 소유한 부유한 가문이었다. 그녀의 집은 고급스러운 방이 열네 개나 있는 대저택이었다. 메리 토드는 당시 고등교육까지 받은 엘리트 여성이었을 뿐만 아니라 특히 프랑스어를 아주 유창하게 구사했으며 정치와 음악, 문학과 드라마 등에 걸쳐 폭넓게 공부한 사람이었다. 학교를 마친 그녀는 언니 엘리자베스와 일리노이주의 스프링필드에서 같이 살고 있었다.

사실 그녀가 에이브러햄 링컨과 만나 결혼하기 전에는 링컨의 오랜 정적이 되었던 스티븐 더글러스와 잠시 교제를 하기도 했었다. 하지만 결국 그녀는 더글러스를 버리고 링컨과 결혼하게 된다. 소문에 의하면 키가 165센티밖에 안 되는 작은 체구에 뚱뚱한

▲ 링컨은 아내와 잘 맞지 않았지만 항상 아내를 존중하려고 애썼다.

더글러스보다는 197센티의 장신이었던 링컨에게 더 큰 매력을 느꼈다는 이야기가 들리곤 했는데 이는 풍문에 지나지 않았다. 메리 토드는 사교성이 뛰어나고 화려함을 좋아하는 성격으로 링컨과는 완전히 정반대의 성격이었다. 그들은 일리노이에서 결혼한 후 네 명의 자녀를 두었는데 세 명은 단명을 했고 장남만 그녀보다 오래 살았다. 그들이 스프링필드에서 살았던 정치적인 고향집은 지금도 그곳에 유적지로 고스란히 남아 있으며 매년 45만여 명의 관광객이 찾아오는 세계적인 명소가 되었다.

링컨의 부인 메리 토드는 링컨과 성격 차이가 컸던 것이 사실이다. 그리고 결혼생활을 하면서 각자 자라온 환경이 달라 문화적 갈등을 겪은 일 또한 아주 많았다. 그래서 종종 링컨 부부의 갈등으로 인해 백악관 참모들까지 힘들어하기도 했다. 링컨은 조용하면서도 아주 신중한 반면, 메리 토드는 충동적이고 성급했다. 거기에다 신경질도 꽤 많은 편이었다. 화를 잘 낼 줄 모르고 아량 넓은 남편 링컨의 성격과는 분명 거리가 있는 아내였다.

한번은 이런 일이 있었다. 그것도 링컨이 대통령직에 있을 때이다. 하루는 영부인이 화가 났는지 백악관 안에서 빗자루를 들고 링컨 대통령을 때리려고 했다. 그러니까 링컨이 방 안에 있으면 맞을 것 같아서 밖으로 뛰어나온 것이다. 밖으로 뛰쳐나오면 아내가 안 쫓아올 줄 알았는데 영부인이 계속 빗자루를 들고 따라 나오는 것이었다. 그런데 아뿔싸! 보좌관과 비서들이 밖에 줄을 서 있는 게 아닌가. 보통 사람들 같으면 그 빗자루를 빼앗아서 오히려 아내를 혼내는 시늉이라도 했을 텐데 링컨 대통령은 이렇게 말했다.

"여보, 빗자루를 가지고 마당을 쓸어야지 대통령을 쓸려고 하면 어떡하나?"

보통의 남편들이 이런 상황에 처했다면 어떻게 했을까? 아마 대다수의 남편이 흥분하여 화를 낼 것이다.

링컨이 변호사로 일하던 어느 날 아내 메리가 평소대로 생선가게 주인에게 신경질을 부리면서 짜증 섞인 말을 퍼부었다. 불쾌해진 생선가게 주인이 링컨에게 대신 항의했다. 링컨은 웃으면서 가게 주인의 어깨에 손을 얹고 조용히 부탁했다.

"나는 15년 동안 참고 살아왔습니다. 주인 양반께서는 15분 동안이니 그냥 좀 참아주십시오."

그녀는 성격이 급할 뿐만 아니라 보기 드물게 잔소리가 많아 결혼생활 동안 링컨을 곤경에 빠지게 한 적이 한두 번이 아니었다. 그녀는 자주 남편에게 불평불만을 쏟아부었는데 심지어는 남편의 신체에 대해 흉을 보기도 했다. 다음과 같이 말이다. "당신은 등이 굽은 데다 걸음걸이도 보기 흉해요. 귀도 너무 커서 마음에 안 들고 얼굴 모습도 온통 마음에 안 들어요."

사실 링컨은 선천적으로 약간의 지병을 갖고 태어났다. 그 병명은 마르팡 증후군으로 육체적으로는 팔과 다리가 비정상적으로 길고 척추나 다리가 휘기도 하며 정신적으로는 신경쇠약을 동반하는 병이었다. 이것이 링컨의 삶에 있어서 약간의 우울증을 초래한 것 또한 사실이다. 그럼에도 링컨은 늘 평온한 성정을 유지하기 위해 애쓰면서도 오히려 자신에게 불평하는 아내를 더 사랑해주었다. 물론 메리는 아내로서 부족한 부분이 좀 많았지만 그녀도 결혼 초기부터 가난에서 탈피하고 싶어했던 남편을 위해 무던히도 애썼다. 메리는 남편을 격려해주면서 그의 야망과 꿈을 위해 힘을 북돋아주었다고 한다. 사실 링컨의 정치적 야심을 끌어내고 독려한 것은 아내 메리였다. 메리가 링컨의 정치적 반려자로 링컨을 넓은 정치 무대로 끌어낸 강한 여성이었다는 점에 많은 역사학자의 의견이 일치하고 있다.

메리와 링컨은 자라온 환경과 성격뿐만 아니라 취미나 사고방식, 심지어 신체적인 조건까지 무엇 하나 공통된 것이 없었다. 그중에서도 특히 메리는 부잣집 딸로 자라온 탓에 사치와 낭비벽이 심했다고 한다. 그러나 링컨은 이것 또한 이해해주며 사랑으로 감싸주었다고 한다.

링컨은 단 한 번도 아내 메리에 대해 나쁘게 말하거나 폄하하지 않았다. 링컨은 아내의 약점까지도 진정으로 이해해주었으며 더 나아가 아내의 잘못된 것들을 다 감싸주며 더 사랑해주었다고 자주 고백하기도 했었다. 물론 링컨이 부인의 성화를 참고 살았기에 결혼생활이 가능했다는 것이 여러 학자의 중론이기도 하지만, 링컨이 그런 아내를 두고도 불평 하나 없이 잘 살아왔던 것은 분명한 일이었다.

링컨은 아내와의 관계를 잘 이끌어가는 지혜로운 남편이었다. 그는 한 여자, 한 아내만 죽는 날까지 사랑했으며 그 흔한 스캔들한 번 내지 않은 모범적인 대통령이었다.

오늘날 대한민국의 지도자들 중에는 자신의 권력을 이용하여 여자를 탐하는 경우가 많다. 생각보다 의외로 많다. 지도자는 어떠한 일이 있어도 아내 외에 다른 여자를 탐해서는 안 된다. 그렇지 않은 사람은 절대로 지도자로서 자격이 없다. 기득권을 비판하면서 자유와 해방, 여성평등사회를 외치지 않았던가?

링컨은 미국의 대통령으로서 큰일을 했을 뿐만 아니라 좀 부족한 아내였지만 아내와의 관계를 원만하게 잘 이끌어나간 훌륭한 남편이었다. 아내의 부족한 점을 이해해주기도 하고 채워주기도 하면서 살다 보니 자신의 아내가 그에게는 존재 이상의 의미가 되었던 것이다.

아내를 향한 링컨의 그런 사랑은 어디서 나왔을까. 그 누구보다도 가난했고 숱한 시련을 겪어온 링컨이 그 엄청난 고난을 통하여 이미 많은 눈물을 흘려보았기 때문 아닐까. 그래서 그런 모든 슬픔까지도 스스로 승화시키는 사랑을 했던 것이리라.

결론적으로 말하면 물론 링컨이 아내를 썩 잘 만난 편은 아니었다. 대부분의 위대했던 사람들 뒤에는 위대한 아내의 내조가 있었다. 하지만 사실 링컨의 아내는 그 정도까지는 아니었다. 그렇지만 링컨은 자신의 아내이기에 끝까지 품어주고 사랑했던 멋진 남자였다.

지도자는 어떠한 일이 있어도 권력을 이용하여 성 문제를 일으켜서는 안 된다. 성도덕을 파괴하는 자가 지도자, 대통령이 되어서는 절대로 안 된다. 대한민국은 그런 비윤리적 지도자가 너무 많았다. 이제는 그런 비윤리적 지도자가 나와서는 안 되는 나라라는 점을 결코 잊지 말아야 할 것이다.

다시 링컨

곁에 있는
좋은 친구들

누군가를 설득하려 한다면
먼저 당신이 그의 신실한 친구라는 것을 알게 하라.

– 링컨

링컨 옆에 대단히 훌륭한 한 사람이 있었다. 그녀는 작가 해리엇 스토Harriet Stowe이다. 링컨이 노예제도에 대해 경각심과 지대한 관심을 갖도록 일깨워주고 마침내 그가 노예해방을 선언하도록 하는 데 가장 큰 역할을 한 사람이 바로 스토라는 여인이다. 그녀는 《톰 아저씨의 오두막집Uncle Tom's Cabin》이라는 유명한 책을 쓴 저자이다. 이 책은 1852년에 출판되었는데 출간된 지 채 10개월도 안 되어 무려 30만 부의 판매량을 기록했다. 이것은 지금으로 치면 3천만 부쯤은 넘는 판매 부수이다.

스토는 목사의 딸로 자랐으며 신앙심이 아주 깊은 여자였다. 《톰 아저씨의 오두막집》이라는 책의 줄거리는 이렇다. 마음씨 착한 흑인 노예와 악독한 백인 주인이 나오는데, 폭력에 반대하다가 악마 같은 백인 주인 레글리에게 구타당한 톰이 모든 인간의 존엄성의 가치를 주장하다가 자신은 끝내 죽어간다는 내용이다. 노예제의 비참함을 자세하게 묘사하고 있어 많은 사람의 공감을 샀다. 특히 백인들에게 노예제도에 대한 경각심을 일깨워주고 공분을 느끼게 한 책이다. 이 책이 에이브러햄 링컨에게 엄청난 감명을 주어 그의 마음을 움직인 것이다. 링컨은 결국 이 책 한 권을 통해 노예제도가 모순이라는 것을 확신하게 되었다. 대통령이 된 후에 그토록 수많은 사람이 반대했지만 링컨이 노예해방을 선언할 수 있었던 바로 그 기폭제가 된 것이 바로 이 책이다. 인간이 어떠한 경우든 어떠한 방법으로든 얼굴색이 다르다는 이유 하나만으로 노예로 살아가고 차별을 받아야 한다는 것은 옳지 않다고 생각하게 된 것이다. 그러니 링컨의 마음을 움직이고 그의 생각을 바꾸게 한 것은 다름 아닌 스토였던 것이다.

스토 또한 링컨의 노예해방 선언에 대해 이렇게 말했다.

"나는 단지 노예해방의 갈망을 책으로만 표현했지만 에이브러햄 링컨은 그 갈망을 행동으로 옮기신 훌륭한 사람입니다. 그 어렵고 절박한 상황 속에서도 자신의 생명까지 포기하겠다며 끝까지 포기하지 않으셨고 끝내 노예들을 해방시켰고 그들에게 자유를 주었으며 남북전쟁을 승리로 이끄셔서 미국을 행복한 나라로 만든 위대한 대통령입니다."

링컨 옆에는 또한 작은 거인 한 사람이 늘 따라다녔다. 바로 키 165센티의 뚱뚱보, 정치생활 30년 동안 사사건건 링컨을 가장 힘들게 한 경쟁자 스티븐 더글러스Stephen Douglas였다. 그는 일리노이에서부터 정치적 경쟁자였다. 1847년 더글러스는 링컨보다 상원의원에 먼저 당선되었다. 1858년도에는 더글리스와 링컨이 상원의원 선거에 맞붙게 되어 전체 선거에서는 링컨이 이겼지만 선거법에 의한 주의회 투표(의석 배분)에서 아슬아슬하게 지는 바람에 결국 다시금 더글러스가 승리하게 된다.

그로부터 2년 후인 1860년 링컨과 더글러스는 마침내 대통령 후보로서 재격돌을 벌이게 된다. 링컨은 공화당 후보로, 더글러스는 민주당 후보로 나왔는데 180석을 차지한 링컨이 고작 열두 석을 얻는 데 그친 더글러스를 가볍게 물리치고 대통령 선거에서 승리한다. 비록 상원의원 선거에서는 졌지만 결국 마지막 대통령 선거의 승자는 링컨이었던 것이다. 물론 역사에는 가정이 없다지만 아마 그때 더글러스가 대통령이 되었다면 노예해방과 남북전쟁은 없었을 것이다. 더글러스와 링컨은 노예해방 문제를 놓고 단

한 치의 양보도 없이 오랫동안 싸웠기 때문이다.

더글러스의 주장은 아주 간단했다. 노예제도를 섣불리 반대해서 나라를 혼란에 빠뜨리기보다는 노예제도를 연방정부에 맡기지 말고 각 주에서 그 형편과 특성에 따라 결정하게끔 하자고 강력히 주장했다. 하지만 그가 그처럼 주장한 가장 큰 배경을 보면 백인들이 기득권을 계속 유지하도록 해서 표를 얻고자 하는 속셈이 깔려 있었다.

하지만 더글러스는 자신의 대통령 선거 패배를 깨끗하게 인정했다. 대통령 취임식 때 자신보다 네 살 많은 링컨 대통령에게 최대한의 예의를 갖추고 축하해주었다. 그때부터 더글러스는 링컨을 무섭게 돕는 동지가 되기 시작했다. 더글러스는 뛰어난 정치적 감각을 소유한 사람이었다. 유창한 연설 솜씨와 멋진 언변으로 최연소 연방 하원의원이 되었으며 민주당 대통령 후보까지 되었던 그가 결국 노예해방과 남북전쟁에서 가장 앞장서서 링컨을 돕게 된 것이다.

남북전쟁이 한창 치열하게 벌어지고 있을 때 남군의 무차별 공격으로 북군의 섬터 군사기지가 함락되자 링컨은 의용군을 모집하기 위해 국회의 승인을 받기 전에 제일 먼저 공화당도 아닌 민주당의 더글러스를 찾아가서 성명서 초안을 보여주며 협조를 구했다. 그때 더글러스는 링컨의 제의에 조건 없이 흔쾌히 허락해주었다. 그리고 의용군 모집에 반대하는 수많은 의원뿐만 아니라 일리노이, 오하이오, 버지니아 등 각지를 돌아다니며 국민에게 도 의용군 모집에 지원해달라고 호소했다. 그의 뜨거운 호소와 설득에 감동받은 민주당원과 국민의 마음이 움직이면서 결국엔 애초에 계획했던 7만 5천 명이 아니라 무려 30만 명의 의용군을 모집하게 되었으며 이는 남북전쟁에서 승리하게 되는 중요한 분수령이 되었던 것이다. 그리고 1861년 더글러스가 열병으로 세상을 떠날 때 가장 슬퍼하며 울었던 사람이 바로 링컨이었다.

"작은 거인 더글러스는 논쟁할 때와 손잡을 때, 그때를 아는 위대한 정치가였습니다."

링컨은 백악관에 조기를 내걸었으며 30일 동안이나 조의를 표명하라고 지시하며 그의 업적을 높이 평가했다. 이처럼 서로를 돕는 친구 같은 사람이 링컨 주위에는 많았다.

링컨에게는 성서에 나오는 다윗과 요나단의 우정만큼 교우가 아름다웠던 친구가 있었다. 그의 이름은 조슈아 스피드였다. 링컨이 뉴살렘에서 막 변호사가 된 후 일리노이주 스프링필드로 이사 왔을 때의 일이다. 링컨은 작은 월세방 하나 쉽게 구할 형편이 아니었다. 하지만 급한 대로 침대를 하나 장만하기 위해서 가구점에 들렀다. 그는 동네 주변에 있는 가구점에 들러 가구점 주인이었던 스피드에게 이런 부탁을 했다고 한다.

"저는 변호사입니다. 하지만 변호사가 된 지 얼마 되지 않아 아직 수입이 변변치 못한 실정입니다. 당장 침대를 구입해야 하는데 아직 돈이 좀 부족한 상황입니다. 만일 침대 하나를 외상으로 주신다면 크리스마스 이전에 제가 갚아드리겠습니다. 하지만 그때까지 수입이 변변치 못하면 다 못 갚을 수도 있습니다."

어쩌면 주인에게 아주 당돌한 말로 들릴 수도 있었지만 심성 착한 스피드는 링컨의 당당한 말투에서 그 소박함과 진정성에 호감을 느꼈다.

"아, 그렇군요. 그렇다면 저도 당신에게 제안을 하나 하겠습니다. 저희 집 2층에 큰 방이 하나 있는데 침대도 두 개나 있습니다. 당신이 원한다면 당분간 같이 사용할 수 있습니다."

링컨은 이곳에서 4년 반을 스피드와 함께 생활하며 미래의 대통령이 되기 위한 준비를 하는 데 있어서 스피드로부터 아주 큰 도움을 받게 되었다. 스피드는 링컨이 다양한 종류의 책을 마음껏 읽을 수 있도록 편안하게 배려해주었고, 후에는 링컨이 정치에 뜻이 있음을 알고 때로는 젊은이들을 불러 모아 문학 모임과 정치 토론의 장으로 개방하여 거기에 모인 많은 젊은이에게 링컨이 연설을 할 수 있도록 일부러 기회를 만들어주기도 했다.

링컨은 스피드와 함께 생활하면서 어느덧 스프링필드 지역에서 가장 주목받는 젊은 변호사로 성장하며 미래의 정치인으로서 기반을 다지게 되었다. 그리고 그들의 우정은 시간이 갈수록 와인처럼 익어가며 아름다운 향기가 퍼져 나갔다. 스피드는 링컨의 성실성과 정직함, 그리고 약한 자들을 위해 솔선수범하여 도와주는 모습에 점점 더 인간 링컨의 매력에 빠져들었다. 링컨 역시 인간성 좋으며 따뜻하고 자상한 스피드가 좋았다. 항상 먼저 다가가 조건 없이 사랑을 베풀어주는 스피드를 존경하게 되었다. 그들은 아무런 조건도 보상도 요구하지 않으면서 늘 상대방에게 가장 좋은 것만을 주려고 애썼다.

두 사람의 따뜻한 우정은 링컨이 백악관에 들어가서도 변함없이 지속되었다. 친구 스피드가 보고 싶을 때마다, 그리고 대통령으로서 외로울 때마다 자주 그를 초대해서 대통령이 아닌 친구 링컨으로 돌아가 옛 시절 함께했던 소중한 추억을 떠올리며 밤새 정담을 나누곤 한 적이 한두 번이 아니었다.

"나의 사랑하는 친구 스피드! 나는 지금도 이렇게 생각한다네. 자네가 없었다면 나는 대통령이 될 수 없었을 거야. 지금도 나는 자네의 도움을 평생 잊지 못하고 있네."

인생을 살아가면서 내 옆에 좋은 사람이 많이 있다는 것은 큰 축복이다. 우리가 인간관계를 생각히면 제일 먼저, 그리고 가장 많이 떠오르는 것은 지금 내 마음 깊은 곳에 누가 있는지, 그리고 어떠한 만남을 가지며 그들과 동행해왔는지이다. 특히 가슴 따뜻했던 사람들, 궂은일을 만나 함께 걱정했던 사람들, 좋은 일을 만나 기쁨을 같이 나누던 사람들, 서로를 아끼며 두 손을 붙잡고 축복의 기도를 해주었던 사람들이 많이 생각나게 마련이다. 정말 그 사람들이 나에게 의미 있는 사람들이었다면 내 마음 깊은 곳에는 여전히 그들의 따뜻함이 자리 잡고 있을 것이며 그로 인해 나의 삶은 복되고 나의 인생은 깊이를 더해갈 것이다.

지금은 마음을 따뜻이 나눌 수 있는 그런 사람이 그리운 세상이다. 아름다운 관계를 통해 얻는 행복은 대단히 중요하다. 삶의 질은 그러한 좋은 관계를 통해 올라간다. 인생길을 동행할 좋은 관계를 맺고 있는 사람이 주위에 많다면 그것은 성공한 삶이요 축복된 삶이다.

여전히 우리 인간은 사회적 동물이다. 이 사회는 혼자서 버틸 수 있는 공간이 별로 없는 곳이다. 서로 부대끼면서 살아가야 한다. 비록 작지만 소중한 것들을 함께 나누며 살아가는 아름다운 인간관계가 필요하다. 어려울 때 조건 없이 도와줄 수 있는 사람, 나의 삶에 좋은 영향을 끼칠 수 있는 사람이 내 옆에 있다는 것은 축복이다. 인간관계를 잘하는 사람은 무조건 좋은 삶을 만들어나가는 사람이다. 결국엔 내가 행복해지고 내 삶이 축복된 인생이 되기 때문이다. "일단 마음에 든 친구는 쇠사슬로 묶어서라도 놓치지 말라"는 셰익스피어의 말에 우리는 귀를 기울일 필요가 있다.

그렇다. 우리 인생, 어떻게 사느냐도 중요하지만 누구와 함께하느냐도 참으로 중요하다. 시간이 지나면서 자연스럽게 걸러지는 친구가 아니라 오랫동안 함께 갈 수 있는 친구가 필요한 것이다. 링컨에게는 그런 좋은 인간관계를 맺고 있는 친구가 주변에 많았다. 그랬기에 그 어떤 대통령보다 대통령직을 충실하게 수행할 수 있었으며 결국 세계에서 가장 위대한 업적을 남긴 존경받는 대통령이 되었다. 그리고 그의 인생은 축복받은 인생이 된 것이다.

원수도
친구로 만드는 능력

적을 없애는 가장 좋은 방법은 적을 친구로 만드는 것이다.

– 링컨

에이브러햄 링컨이 변호사 시절 때 그를 애송이 시골뜨기라고 모욕하며 놀려댔던 에드윈 스탠턴Edwin Stanton이라는 사람이 있었다. 그는 대통령 선거에 출마한 링컨에게 깡마르고 무식한 사람이라고 자주 비난을 했었다. 그리고 링컨이 대통령에 당선되자 아예 "국가적 재앙"이라며 가장 많은 독설을 퍼부었다. 링컨은 매일매일 기도했다.

"나를 힘들게 하는 사람에게 어떻게 대처해야 합니까?"

다시 링컨

128

대통령이 된 링컨은 많은 참모가 강력히 반대하는데도 기어이 스탠턴을 국방부장관에 임명했다. 그리고 그때 그가 한 말은 모든 참모를 숙연하게 만들었다.

"용서하지 못하는 사람을 마음속에서 없애야 합니다. 원수는 죽여서 없애는 것이 아닙니다. 원수는 사랑으로 녹여서 없애는 것입니다. 사명감이 투철하고 능력이 있는 스탠턴은 국방부장관 자리에 가장 적임자입니다."

비록 자신에게는 적이었지만 스탠턴이 군대를 엄격하게 관리할 수 있는 인물이라 판단했기 때문이었다. 링컨의 판단은 옳았다. 스탠턴은 미국 역사상 가장 위대한 전시戰時 국방장관 중 한 사람이 되었다. 1865년 4월, 링컨이 암살당했을 때 가장 많이 울고 가장 많이 슬퍼했던 사람은 놀랍게도 에드윈 스탠턴 국방장관이었다. 링컨 대통령이 워싱턴 극장에서 저격을 당하여 쓰러졌을 때 스탠턴은 링컨의 시신이 놓여 있는 양복점인 피터슨 하우스 Petersen House에 있었다. 그는 죽어 말이 없는 링컨 대통령의 얼굴을 내려다보면서 눈물을 펑펑 흘리며 "지금까지 이 세상이 가졌던 통치자 중에 최고의 통치자가 여기 누워 있습니다"라고 말했다. 오랫동안 참고 용서해주었던 링컨이 승리한 것이다.

용서의 달인, 링컨은 인류 역사상 가장 위대한 통치자였다. "악을 악으로 갚거나 욕을 욕으로 갚지 말고 도리어 축복하십시오"
라는 베드로의 말처럼 그는 원수마저도 나의 사람으로 만드는 능
력이 탁월한 사람이었다. 링컨의 마음에는 사람에 대한 미움과 증
오, 질투와 시기가 없었다. 훗날 야당의 공격과 끊임없는 음해도
초월했으며 오히려 관용과 도량으로 모든 것을 포용했던 것도 그
때문이다.

  우리는 살아가다가 우리의 인생 한 시점에서 예기치 못한 사람
들로부터 상처를 받거나 억울한 피해를 당하는 일을 경험하게 된
다. 때로는 죽는 순간까지도 잊지 못하고 용서가 되지 않는 경우
도 있을 것이다.
  물론 용서할 수 없는 과거의 사람을 현재의 마음으로 용서한다
는 것은 결코 쉬운 일이 아니다. 그리고 그 상처들로 인해 큰 슬
픔에 휩싸인 사람으로서 상대방이 먼저 용서를 구하기 전에 용서
하기란 어쩌면 불가능한 일인지도 모른다. 용서란 구하기도 베풀
기도 어려운 것이다. 링컨의 참모들도 그렇게 못살게 굴었던 링컨
의 원수 스탠턴을 용서할 수가 없었다. 모든 참모가 스탠턴을 국
방부장관으로 임명하는 것을 재고해달라고 수차례나 건의했다.
  "대통령 각하, 벌써 스탠턴의 지난날의 행동들을 잊어버리셨습
니까? 아직도 그는 각하를 비난하면서 돌아다니고 있습니다. 어
떻게 이런 자를 국방부장관 자리에 앉힐 수 있단 말입니까?"

하지만 링컨은 기어코 스탠턴을 자신의 사람으로 만들었다. 복수와 적의가 아닌 관용과 용서를 실천했던 것이다. 그리고 결국 스탠턴은 링컨의 내각에서 가장 유능하고 신뢰할 만한 내각 구성원이 되었다. 이처럼 적까지도 자신의 사람으로 만드는 능력이야말로 가장 큰 꿈을 이룰 수 있는 지름길이다.

오하이오주 하원의원이었던 제임스 가필드James Garfield도 링컨을 가장 경멸했던 사람 중 한 명이었다. 그는 대통령이 된 링컨을 가리켜 "일리노이 삼류 시골 변호사가 미래의 모든 세대가 기억할 만한 말을 하는 하나님의 도구로 쓰인다는 것은 세계 역사상 가장 뜻밖의 사건이다"라고 아주 대놓고 조롱했었다. 가히 막가파 수준의 험담이었다. 하지만 링컨은 대통령 자리에 섰을 때도 자신을 비난하고 저주까지 했던 사람까지도 끝까지 이해하고 포용할 줄 아는 아름다운 정신의 소유자였다.

물론 링컨이 자신을 모욕하고 상처를 준 사람들에게 얼마든지 인간적으로 고통을 안겨준다든지 처절한 복수를 감행한다든지 할 수도 있었을 것이다. 정적들의 무차별 비난으로 엄청난 내면의 갈등도 있었을 것이다. 하지만 국가의 수장으로서 링컨은 함께 맞서지 않았다. 오히려 포용으로 맞섰다. 끝까지 자신의 심리적인 고통에 굴하지 않고 국가를 사랑하는 신념으로 모든 어려움을 지혜롭게 극복해나갔다. 마지막 죽는 순간까지 타협을 통한 갈등의 해소와, 분열을 극복하는 통합의 리더십으로 시대적 과제를 해결하는 업적을 달성했던 것이다.

그렇다. 링컨은 법과 원칙을 지켰을 뿐만 아니라 결과에 대한 신앙적인 확신까지 있었으며 단 한 번도 정치적 경쟁자를 미워하지 않았다. 링컨이 지도자로서의 삶을 시작할 때 그를 일으켜 세웠던 성서 구절이 바로 이것이었다.

"당신이 남에게 비판을 받고 싶지 않다면 당신도 남을 비판하지 마십시오."

링컨은 자신을 비판하던 사람들에 대해 오히려 사랑으로 그 비판을 녹여버린 멋지고 아름다운 사람, 싸우지 않고 이기는 위대한 사람이었다.

사실 우리는 상대방의 허물이나 잘못을 감추어주고 용서해주는 데 참 인색하다. 그리고 많이 서툴다. 용서는 사람의 마음이 넓어서 하는 것이 아니다. 용서란 삶 자체를 그대로 받아들이는 태도이다. 용서란 우리 인간이 가지고 있는 최고의 사랑으로 덮어주는 행위이다.

용서하지 못하고 끝까지 내 마음속에 억울함과 분노의 상처를 안고 있으면 어느새 나도 그 사람의 원수가 되어버린다. 용서가 안 된다고 두 주먹을 불끈 쥐고 분노하는 것보다 두 손을 모으고 기도하는 편이 훨씬 낫다. 기도하는 자가 강한 자이다. 다행한 것은 우리 인간에게는 사랑과 용서를 할 수 있는 무한한 능력이 있다는 사실이다. 용서할 수 없는 원수를 나의 사람으로 만드는 탁월한 능력이 링컨에게만 있는 것이 아니라 우리 모두에게도 내재해 있다는 것이다.

링컨은 원수를 친구로 만드는 능력도 굉장히 뛰어났을 뿐 아니라 자신의 정책과 임무를 수행하기 위해 주위 사람들을 선별해 자기 사람으로 만드는 데도 탁월한 능력을 가진 사람이었다. 예를 들면 1860년 대선에서 후보로 출마했거나 출마할 가능성이 높았던 정치 거물들을 선별해서 기용했다. 공화당 대통령 후보 지명전에서 맞붙었던 새먼 체이스는 재무장관으로, 개인적으로 알고 지낸 지도 얼마 되지 않았을 뿐만 아니라 그리 썩 유연한 관계가 아닌 윌리엄 슈어드를 국무장관으로, 역시 공화당 대통령 후보 경선에서 경쟁했던 에드워드 베이츠는 법무부장관으로, 그리고 대선 과정에서 자신과 피 터지게 싸웠던 사람들 중에서는 무려 다섯 명이나 장관 등 요직에 임명하는 포용의 정신을 발휘했다.

그리고 상대 정당인 민주당 출신에게도 나머지 장관직을 제안하며 에드윈 스탠턴을 국방부장관, 기디언 웰스를 해군장관, 몽고메리 블레어를 우정장관으로 임명한다. 링컨이 임명한 내각의 장관들은 하나같이 링컨보다 더 유명하고 훨씬 더 많은 교육을 받은, 그야말로 미국 최고의 엘리트 출신에 공직 경험도 아주 풍부한 사람들이었다. 자칫 이들이 내각의 자리를 차지할 경우 스프링필드 시골 출신의 무명 변호사 링컨은 빛을 보지 못할 수도 있는 상황이었다. 하지만 얼마 지나지 않아 링컨은 이 막강한 내각과 함께 위태로운 조국을 이끌어나가는 우두머리가 된다. 링컨은 정치적 라이벌도 마다하지 않고 그들의 능력에 따라 적재적소에 기용하여 국가의 위기를 극복하는 진정한 실용주의 리더십, 통합과 포용의 리더십을 보여주었다.

과거의 적, 현재의 적, 정책이 다른 상대 정당의 사람이라도 링컨에게는 아무런 문제가 되지 않았다. 오직 그 사람의 능력과 국가에 대한 헌신만 보았다. 그리고 더 획기적인 것은 1864년 대통령 재선에서 링컨은 부통령으로 민주당 출신의 앤드루 존슨을 내세우는 대혁신을 감행했다는 점이다. 지금으로 말하면 미국의 공화당 대통령 후보가 민주당 사람을 부통령 후보로 전격 발탁하는 것이다. 결국 전쟁 지지 세력과 힘을 모아 국민연합당을 창당하여 대통령 재선에서 압도적인 승리를 거둔다. 그렇다. 훌륭한 리더는 혼자만의 성공을 꿈꾸지 않는다. 링컨은 조직의 임무를 함께 수행할 사람들 없이는 성공할 수 없다는 진리를 알았던 사람이다.

반대 세력조차도 자신의 사람으로 만들어나가는 경지에 이르렀던 그는 자신에게 악의를 품고 있는 정적들 중에서도 능력이 있거나 어느 직위에 적합한 사람이라면 기꺼이 기용했다. 싫어하는 사람이라고, 정적이라는 이유 하나만으로 면직하는 일은 거의 없었다. 적대 관계임을 따지기보다 업적을 위해서는 그 사람의 능력과 네트워크를 활용할 줄 아는 사람이었다.

퓰리처상을 수상한 도리스 굿윈 교수는 정치가로서의 링컨을 이렇게 표현했다.

"그는 사람의 마음을 먼저 얻는 것이 권력의 시작임을 그 누구보다도 잘 아는 사람이었다."

링컨의 리더십은 단순히 강압적이거나 카리스마 넘치는 리더십이 아니었다. 적도 친구로 만드는 포용의 리더십이었다. 이제 대한민국에도 링컨과 같은 포용의 지도자가 탄생되기를 진심으로 기대해본다.

우리가 살아가면서 싫은 사람이 얼마든지 있을 수 있다. 미운 사람도, 피하고 싶은 사람도, 정말 만나고 싶지 않은 사람도, 때로는 처절하게 저주 혹은 복수해주고 싶은 사람도 분명히 있을 것이다. 없다면 그것은 거짓일 것이다. 지금 이 시간에도 나에게 온갖 상처와 고통을 주며 나를 괴롭히는 사람이 얼마나 많은가. 하지만 문제는 그 사람을 용서하지 못해 같이 미워하고, 복수하겠다는 마음으로 피를 끓인다고 해서 해결되는 건 아무것도 없다는 것이다. 해결할 수 있는 유일한 한 가지 방법은 먼저 내가 죽는 것이다. 정말 힘들지만 링컨처럼 원수를 사랑으로 녹여버리는 것이다. 그리고 그 사람을 나의 사람으로 만드는 것이다. 원수를 자신의 사람으로 만들어버리는 능력, 그것만이 자신을 세울 수 있는 최선의 길인 것이다.

링컨의 위대함은 다른 네 있지 않았다. 용서를 통해 원수마저도 자신의 사람으로 만드는 아름다운 마음에 있었던 것이다. 그의 친절과 겸손, 배려를 통해, 그리고 인간적 신뢰를 통해 모든 원수마저도 진심으로 승복시킬 수 있었던 것이다. 이제는 정치에 있어서도 시대가 많이 바뀌었다. 더 이상 보복의 정치를 해서는 안 된다. 용서와 화해를 통하여 새로운 정치를 할 수 있어야 한다. 링컨처럼 말이다. 링컨과 같이 포용의 리더십을 펼치는 대통령이 이제 한국에도 나올 때가 되었다.

4부

덕목을 갖춘
품격 있는 리더

리더는
교만하지 않는다 _____

> *내 지혜, 내 능력, 내 노력만으로 할 수 있는 것은 아무것도 없다.*
> *그래서 하나님의 도움을 받기 위해 늘 겸손한 마음으로 기도한다.*
>
> *– 링컨*

　한가한 주말 오후, 링컨 대통령이 백악관 현관에서 구두를 닦고 있었다. 이때 그 옆을 지나가던 비서가 구두를 닦고 있는 사람이 대통령인 것을 알고는 너무나 송구스러워 쩔쩔매며 말을 꺼냈다.

　"각하, 이게 어찌 된 영문입니까?"

　"어찌 된 영문이라니?"

　"존귀하신 미국 대통령의 몸으로 천한 사람이나 하는 구두닦이를 손수 하시다니 이게 될 법한 일입니까?"

대통령이 대답했다.

"그렇게 보이던가? 자기 구두를 자기 손으로 닦는 것이 당연한 일이지, 이게 무슨 잘못된 일인가? 구두 닦는 일은 천한 일이라고 하는데 그것은 잘못된 생각일세. 대통령도 구두닦이도 다 같이 세상을 위해 일하는 사람들이야. 어찌 천하다 할 수 있겠는가?"

비서는 링컨의 겸손하고 사리에 맞는 말에 감탄하였다. 링컨은 이러한 겸손 덕분에 오늘날까지도 미국뿐 아니라 전 세계에서 가장 존경받는 대통령이 되었다. 노예해방이라는 위대한 역사의 수레바퀴를 돌릴 수 있었던 것도 링컨의 겸손의 힘이 컸다.

사람이란 그렇다. 외모보다, 능력보다, 재력보다 더 중요한 것은 그 사람의 인간성이다. 그리고 인간성은 한 마디로 겸손이라고 할 수 있다. 겸손하지 않고서는 인간 됨됨이가 좋을 수가 없기 때문이다.

대부분의 사람들은 겸손한 사람을 선호한다. 왜 그럴까? 겸손한 사람과 함께 있으면 마음이 편안하기 때문이다. 그렇다. 모든 덕은 겸손에서 시작된다. 겸손해야 사랑이 지속되고, 겸손해야 행복해지기 때문이다.

우리는 살면서 "당신이라는 존재가 별로 유쾌하지 않네요", "당신과 함께 있으면 불편하네요"라는 말을 들을 때가 있다. 하지만 이런 말만큼은 듣지 말아야 한다. 그런데 그 말이 무슨 뜻인지 모르는 사람이 가끔 있다. 그렇다면 사람들이 왜 그렇게 반응하는지 자신의 인간성의 면면을 깊이 살펴보아야 한다.

살아가면서 우리가 나타내지 말아야 하는 것은 교만과 거만이다. 교만은 결국에는 나를 패망의 길로 데려간다. 거만하게 구는 사람을 좋아할 이는 아무도 없다. 그렇다면 단지 다른 사람이 싫어서 거만하지 말아야 할까? 본질은, 거만한 자는 스스로도 행복하지 못하다는 것이다. 자신의 부족함을 알고 그것을 인정해야, 즉 겸손해야 사람은 현재에 만족하고 감사하여 행복해질 수 있는 법이다.

링컨의 리더십을 이야기하고자 할 때 제일 먼저 설명해야 하는 것이 그의 겸손이다. 링컨은 24세의 젊은 나이로 처음으로 주의회 의원에 입후보하게 된다. 하지만 낙선의 쓴맛을 본다. 이듬해 두 번째 도전에서 링컨은 주의회 의원으로 당선된다. 그의 나이만 25세였다. 유권자들의 마음을 움직인 것은 그의 선거 전단지였다. 그가 직접 쓴 이 글을 보면 그가 얼마나 겸손한 마음을 가졌는지 알 수 있는데, 이 선거 전단지는 훗날 더 큰 감명을 주었다고 한다.

"저는 젊고 아직 제가 누구인지 아는 분은 그리 많지 않습니다. 저는 삶의 가장 미천한 곳에서 태어나 여태 여기에 머물러 있습니다. 그리고 저는 저를 뽑아줄 만큼 부자이거나 명망 있는 친척도 없습니다. 하지만 저를 천거해주신다면 여러분은 저에게 커다란 호의를 베푸는 셈이 될 것이며, 저는 그 호의에 보답하기 위해 겸손한 마음으로 최선을 다하겠습니다. 그러나 만일 선량한 어른들께서 지혜롭게 판단하시어 나를 뒷전에 그냥 두는 것이 마땅하다고 여기신다 하여도 절대로 상심하지는 않을 것입니다. 나는 이미 너무 많은 실망을 겪어본 경험이 있기 때문입니다."

평소 링컨이 사람들 앞에서 얼마나 겸손한지를 보여주는, 그의 진솔한 마음을 담은 내용이었다. 결국 겸손이라는 그의 가치와 신념이 25세의 젊은 나이에도 불구하고 유권자들로 하여금 주 의원으로 선택하게 한 것이었다. 자신을 자랑하고 타인을 비방하며 스스로를 내세우고자 안간힘을 쓰는 대부분의 대한민국 정치인들과 너무도 다르지 않은가.

겸손은 살아가는 데 가장 중요한 덕목이요 시대를 초월하는 가치이다. 그리고 겸손은 사람을 이어주는 능력이 있어서 서로 하나가 되게 한다. "네가 낮춤을 받거든 높아지리라"는 말이 있다. 아무리 천한 대우를 받거나 때로는 굴욕을 당한다 할지라도 겸손한 자는 높아지게 된다는 뜻이다.

내가 겸손할 수 있는 유일한 길은 인격적인 사람이 되는 것이다. 그럴 때 자신의 가치가 높아진다. 그러나 대부분의 사람들이 어떠한가. 자신에게 조금만 무관심하면 교만이라는 잡초가 순식간에 자라버린다.

겸손은 피기 아주 어려운 꽃이다. 하지만 우리는 의식적으로라도 겸손이라는 꽃을 가꾸어야 한다. 겸손하게 사는 사람은 인생을 참 잘 사는 사람이다. 시장에서 콩나물 파는 아주머니라도 인품이 훌륭한 사람이 있고, 대기업의 돈 많은 회장이라도 인품이 형편없는 사람이 있다. 인격은 곧 그 사람의 성품이다.

겸손은 무조건 자신을 낮추는 것이 아니다. 자신이 남보다 낫다거나 못하다고 생각하는 것도 아니다. 비참한 마음으로 비굴해지는 것은 더더욱 아니다. 진정한 실력을 갖추고서 자신을 낮추는 것이야말로 최고의 덕이다.

링컨은 매우 겸손한 사람이었다. 때로는 카리스마적인 인물로 평가받기도 하지만, 개인적으로는 상당히 겸손한 인물이었다. 그의 겸손은 선거를 할 때마다 여러 번 나타났으며 그로 인해 많은 사람에게 반듯한 정치인으로 각인되기 시작했다. 자신을 내세우고 자랑하는 다른 후보와는 달리 링컨의 마음속에는 늘 겸손이라는 덕목이 자리 잡고 있었기 때문이다.

1856년 링컨은 필라델피아에서 열린 공화당 부통령 후보 선거에서 윌리엄 L. 데이턴에게 비참하게 패배를 당하게 된다. 상원의원 선거에서는 더글러스 의원에게 또다시 참패를 당한다. 하지만 그는 공화당 대통령 후보로 공천을 받게 되는데 여기서 이변이 일어난다. 링컨이 부통령 후보로도 낙선했는데 대통령 후보로 공천받게 된 결정적인 이유는 모든 선거와 평소 행동에서 보여준 그의 겸손함과 정직 그리고 그의 인격 때문이었다고 한다.

결국 링컨은 겸손으로 권력을 쟁취한 사람이 되었다. 당시 대부분의 신문 기사가 "링컨은 겸손한 인격이 만든 대통령 후보"라고 대서특필했던 것도 바로 그런 이유에서였던 것이다. 그렇다. 겸손은 인격이다. 링컨은 겸손이 얼마나 엄청난 결과를 가져오는지 몸소 보여준 인물이다.

리더는
긍휼한 마음을 가져야 한다 _____

그 누구에게도 악의를 품지 마라.

오직 모든 사람에게 자비만 베풀어라.

― 링컨

남북전쟁이 한창일 때였다. 링컨 대통령은 자주 전쟁터의 야전 사령부를 방문했다. 그때마다 부상당한 병사들이 입원해 있는 병실에 가서 그들을 위로하고 격려했다. 대통령이었지만 최전방 부대 막사에 함께 머물면서 다정하게 대화를 나누며 그들의 어려움을 들어주고 사기를 북돋아주는 일에 아주 열심이었다.

하루는 군의관이, 심한 중상을 입고 거의 죽음 직전에 있는 한 젊은 병사에게로 대통령을 안내했다. 링컨은 병사의 침상 곁으로 다가가서 나지막하게 물었다.

"내가 당신을 위해 할 수 있는 일이 뭐가 있겠소?"

하지만 그 병사는 링컨을 제대로 알아보지 못했다. 그는 간신히 이렇게 속삭였다.

"저의 어머니에게 편지 한 통만 써주실 수 있겠습니까?"

대통령은 주저 없이 비서에게 펜과 종이를 가져오라고 했다. 그러고는 아주 정성스럽게 젊은이가 말하는 내용을 적어 내려가기 시작했다.

"보고 싶은 어머니! 저는 전쟁의 의무를 다하던 중에 심한 부상을 입었습니다. 어쩌면 회복되지 못할지도 모릅니다. 하지만 비록 제가 먼저 죽는다 할지라도 저 때문에 너무 슬퍼하지는 마세요. 나의 사랑하는 아들 존과 메리에게도 제 대신 입 맞춰주세요. 하나님께서 어머니와 아버지를 축복해주시기를 빌겠어요."

병사는 기력이 없어서 더 이상 얘기를 계속할 수가 없었다. 그래서 링컨은 젊은이 대신 편지 말미에 대통령 서명을 하고는 이렇게 덧붙여 썼다.

"당신의 아들을 위하여 에이브러햄 링컨이 이 편지를 대필했습니다."

젊은 병사는 그 편지를 자기에게 보여달라고 부탁했다. 그는 편지를 대신 써준 사람이 누구인가를 알고는 깜짝 놀랐다.

다시 링컨

병사가 물었다.

"당신이 정말로 링컨 대통령이신가요?"

링컨이 차분하게 그리고 미소를 머금으면서 대답했다.

"그렇소. 내가 링컨 대통령이오."

그런 다음 링컨은 자신이 할 수 있는 또 다른 일이 없는가를 그에게 물었다.

병사가 말했다.

"제 손을 좀 잡아주시겠습니까? 그렇게 하면 편안히 떠날 수 있을 것 같습니다."

조용한 실내의 병원 안에서 키가 크고 수척한 링컨 대통령은 병사의 손을 꼭 잡고 그가 숨을 거둘 때까지 따뜻한 말들을 나지막이 들려주었다. 링컨은 나랏일로 급박한 전시 중에도, 그토록 바쁘고 힘든 와중에도 때로는 이러한 병사 한 사람의 사정까지도 외면하지 않았다. 그는 이처럼 긍휼한 마음을 소유한 대통령이었다. 무려 다섯 아들을 전쟁터에 내보낸 후 그 다섯 아들을 모두 잃어버린 어느 과부의 기막힌 이야기를 들었을 때에는 손수 편지를 쓰고 직접 찾아가 위로해주었다고 한다.

링컨은 그 누구보다도 따뜻하고 긍휼이 많은 사람이었다. 그는 천성이 아주 착한 사람이어서 인정이 참 많았다고 한다. 남북전쟁 중 군법회의에서 사형선고를 받은 탈영병, 적전 도망병 등의 부모들이 찾아와서 눈물로 자식의 구명을 호소하면 링컨 대통령은 특사를 많이 베풀어주었다. 남북전쟁 당시 군기 문란을 일으킨 탈영병에게 군사법원이 사형선고를 내리면 링컨은 어떠한 핑계나 이유를 들어서라도 일단 이들을 살려내려 했다고 한다. 그는 단 한 번의 사형이라는 단죄로 끝내버리기보다는 탈영병을 집으로 돌려보냈을 때 기뻐할 그 부모의 마음을 먼저 헤아렸기 때문이다. 그래서 대통령이 군기를 망친다고 군 지휘관들의 불평 또한 많았다고 한다. 긍휼히 여기는 마음은 죄를 지은 사람을 탓하는 것이 아니라 오히려 수용하고 이해하는 마음을 말하는 것이다. 그의 일기에는 이런 글이 적혀 있었다.

"나는 매일 용서하는 긍휼한 마음으로 오늘도 하루를 맞이할 것입니다."

이것이 바로 링컨의 좌우명이었다. 이런 그였기에 지금도 시대를 초월하여 온 세계에서 가장 존경받는 대통령이 될 수 있었던 것이다. 링컨은 진정한 리더가 갖추어야 할 긍휼의 덕목을 갖춘 사람이었다.

미시시피강의 지류인 로크강가에 살고 있는 인디언 한 사람이 백인과의 협정을 어기고 백인 지구에 쳐들어온 적이 있었다. 그는 상대방 장군이 발급한 가짜 신분증명서를 가지고 도망쳐 왔던 것이다. 이것을 알게 된 의용군들은 이 노인을 첩보원으로 단정한 후 그 자리에서 당장 총살하려고 했다. 그들은 이 노인을 쏘아 죽여 평소 인디언에 대한 적개심을 풀려고 했던 것이다. 그러자 링컨은 양손을 벌리고 병사들의 총구 앞을 가로막아 선 후 "차라리 나를 쏘아 죽여라"라고 말하며 끝까지 이 가엾은 인디언을 보호했다. 링컨 뒤에 몸을 웅크린 채로 숨었던 그 늙은 인디언은 링컨 덕분에 목숨을 건지게 되었다. 링컨은 자기보다 약한 사람이 궁지에 처했을 때 안타깝게 여길 줄 아는 사람, "긍휼히 여기는 자는 복을 받을 것이다"라는 성경 말씀을 실천할 줄 아는 사람이었다.

자신의 일생을 노예해방을 위해 바쳤던 에이브러햄 링컨! 그는 가난한 개척민의 아들로 태어나 미합중국의 존경받는 대통령 자리에 오르기까지 핍박받고 가난한 사람들을 위해 애통해하며 기도한 사람이다. 진정한 리더가 갖추어야 할 긍휼의 덕목을 갖춘 사람, 링컨의 삶에서 빛나는 것은 결코 대통령이라는 직위가 아니었다. 그의 훌륭한 여러 가지 인격이 늘 그의 마음속에 있었기에 길이길이 역사에 남는 인물이 될 수 있었던 것이다. 러시아의 문호 톨스토이는 링컨에 대해 이렇게 말했다.

"지금까지 인류 역사에 출현했던 정치가들 가운데 링컨만큼 큰 사람은 없었다. 링컨은 그의 조국보다 위대하고, 미국의 모든 대통령을 다 합친 것보다 더 위대하다. 그동안 알렉산더, 프리드리히 대왕, 나폴레옹, 글래드스턴 그리고 워싱턴 같은 사람들을 위대하다고 말해왔지만, 인격의 크기로 말하면 링컨보다 훨씬 뒤질 것이다.”

링컨은 젊었을 때에 노예시장에서 흑인들을 하나의 상품처럼 흥정해서 사고파는 광경을 직접 목격한 적이 있다. 그때의 경험은 그가 노예해방이라는 놀라운 일을 시작할 수 있게 된 계기가 되었다. 링컨은 아버지와 어머니와 딸들과 아들들이 각각 다른 집으로 팔려가 가족이 찢어지는 비참한 현장을 목격하고는 몹시 안타까워하며 눈물을 흘렸다. 얼굴이 까맣고 배우지 못했다고 인정人情이야 다를 수가 있으랴. 서로 갈라져 따로 가야 할 때에 목을 껴안고 울며 떨어지지 않으려고 하는, 온 가족이 처참히 분산되는 그 광경을 링컨은 목도했던 것이다.

누구나 그런 광경을 볼 때에 동정하지 않을 수 없는 것처럼 링컨도 '만일 내가 저 자리에 있었다면 어떠한 대접을 받고 싶었을까?' 깊이 생각하다가 결국 굳은 결심을 하게 되었던 것이다. 그것은 타인의 아픈 자리에 자신의 전 존재가 참여하는 공감이었다. 긍휼은 동류 인간들을 향한 우리의 삶의 태도이고 성품이다. 그리고 행함을 유발하는 동력이다. 느낌으로만 끝나지 않고 행동으로 옮겼기에 노예제도 폐지가 가능했던 것처럼 우리 안에 있는 긍휼의 마음이 우리 삶을 통해 드러나게 될 때 비로소 진정한 자비가 되는 것이다.

윌리엄 버클리는 “긍휼은 단지 곤경에 처한 사람을 보고 미안한 마음, 불쌍한 마음을 갖는 것이 아니라 그 이상의 의미, 그 사람과 함께 그 모든 상황을 경험한다는 의미가 담겨 있다"고 정의했다. 그렇다. 긍휼한 마음이란 내가 가진 기준과 판단에 따라 행동하는 것이 아니라 상대방의 필요에 행동으로 반응하는 것이다.

서로 긍휼하지 않는 것, 누구나 경험하고 공감하는 인간사의 가슴 아픈 현실이다. 세상에서 벌어지는 온갖 비참한 일들은 대부분 서로를 불쌍히 여기지 않아서 빚어지는 현상이다. 우리가 짧지 않은 인생을 살아가면서 긍휼을 좀 더 베풀며 살아간다면 얼마나 좋을까. 베풀되 기쁘고 즐거운 마음으로, 그리고 보람으로 생각하며 행한다면 얼마나 행복할까.

긍휼은 값싼 동정이 아니다. 가슴 깊은 곳에서 퍼져 나오는 울림이다. 그리고 우리 인간만이 가지고 있는 신실함의 표현이다. 결국 긍휼은 우리 자신에게도 유익한 것이다. 긍휼한 삶은 우리 삶의 현장에서 각자의 인격과 행실로 진동해야 할 향기이며 그러한 긍휼이 바로 우리 인간의 성품이요 됨됨이가 될 것이다.

그렇다. 긍휼의 사람, 링컨은 당장 눈앞에 인기나 자신의 이익, 정치적인 기득권이 아니라 국민의 참 아픔을 아는 따뜻한 인간애가 있었기에 오늘날 위대한 인간, 위대한 정치인으로 역사에 길이 남게 되었다. 링컨 대통령처럼 나라를 품고 국민을 품을 긍휼의 사람이 대한민국의 지도자로 세워지기를 소망한다.

리더는
사명감이 있어야 한다

두 발이 올바른 자리에 있는지 확인하고

그 자리를 굳게 지켜 나아가라.

– 링컨

위대한 인물들의 생애와 큰일을 한 사람들의 일생을 살펴보면 무엇이 그들로 하여금 그처럼 대단한 일을 하게 했는지 우리는 쉽게 알 수가 있다. 그들이 큰 업적을 남긴 비결은 그들의 생애의 어느 시기에, 어떤 결정적 기회에 인생의 확고한 사명을 자각했기 때문이다. 우리 인간은 삶 속에서 절박한 체험을 통해 사명을 자각한다. 링컨 역시 그의 가슴속에 맺힌 엄청난 충격과 큰 의분의 결심이 노예해방을 향한 하나의 확고한 사명감으로 바뀌게 된 것이다.

사실 링컨에게 사명은 가난했기에 부자가 되기 위해 열심히 일하고 공부했던 그런 것은 아니었다. 변호사가 되어 존경을 받고자하는 그런 목적이 있었던 것도 아니었다. 링컨에게 사명이라는 것은 딱 하나밖에 없었다. 노예해방을 위해서는 대통령이 되는 것이 최선의 방법이라고 생각했던 것이다. 그의 가슴속에 맺혀 있었던 뜨거운 사명감 하나가 그로 하여금 노예해방이라는 위대한 일을 할 수 있게 만들었던 것이다.

그렇다. 사명감이 있는 사람은 집념이 있고 열의기 있다. 사명을 꼭 이루고야 말겠다는 강한 의지와 신념, 그리고 내가 사명을 이루기 위해서는 목숨까지도 바치겠다는 요지부동한 목적의식이 있는 것이다. 그래서 사명감의 힘은 강한 것이다. 자신의 올바른 가치와 집념 그리고 열정과 보람을 기준으로 삼으며 살아가기 때문이다.

남북전쟁이 일어나기 전인 1860년 북부 주에 속해 있던 인구는 고작 2200만 명에 불과했다. 하지만 링컨은 무려 10%에 달하는 220만 명의 북군 젊은이들이 전쟁에 참여하도록 했다. 사실 링컨이 아니었으면 그 많은 북군이 집결할 수 없었다. 역사가들도 "만약 링컨이 아니라 전임 대통령이었던 제임스 뷰캐넌이 대통령으

▲ 링컨의 대통령 취임식 광경

다시 링컨

로 있었다면 220만 명을 동원하는 것은 불가능한 일이었다"고 누누이 밝혔다. 링컨은 그것을 두고 이렇게 말했었다.

"우리 모두는 옳고 분명한 목적의식이 있는 사명감을 가지고 혼신의 힘을 다하여 전쟁에 임했기 때문입니다."

사실 노예제를 지지하던 남부 주들이 미국 연방에서 탈퇴할 때만 해도 남북 간에 전쟁이 일어날 것이라고 예상한 사람은 그리 많지 않았다. 그리고 전쟁 초기에만 하더라도 군사적 충돌이 오래 갈 것으로 보는 이도 그렇게 많지 않았다. 북부로 진격하는 남군의 기세가 워낙 거세었던 데다 1864년 대선(재선)에서 링컨이 패배할 것이라는 판단이 지배적이었기 때문이다.

하지만 시간이 흐를수록 상황은 조금씩 다르게 돌아가기 시작했다. 링컨의 지도력과 뜨거운 사명감에 매료되어 북군에 자원하는 젊은이들이 의외로 많아졌던 것이다. 그리고 링컨의 능력과 북군의 위세는 예상보다 훨씬 더 강했다. 자원하는 병사들도 자신이 무엇인가 고귀하고 이타적인 명분을 위해 싸우고 있음을 깨닫기 시작한 것이다. 링컨이 게티즈버그 연설을 통해 전쟁의 의미를 새롭게 규정하려고 시도한 것도 바로 이 같은 사정 때문이었다. 전쟁에 기꺼이 자원해 목숨까지 바친 수십만 명의 넋을 위로할 명분을 제공해야 할 필요성이 생긴 것이었다. 그것은 바로 그들의 마음속에 사명감을 심어주는 일이었다.

불과 272개의 단어밖에 되지 않는 2분 남짓의 이 짧은 연설이 가져온 파장은 시대와 공간을 넘어 엄청난 울림을 주었다. 민주주의를 추구하는 미국이 견지해야 할 정치사상과 철학을 선포한 게 티즈버그 연설은 미국인들의 삶과 문화의 물줄기를 완전히 바꾸어놓은 대전환점이 되어버린 것이다. 링컨은 그 연설에서 "우리는 그들의 사명과 업적을 결코, 아니 영원히 잊을 수 없을 것입니다"라고 말했다. 이 모든 것은 그들의 뜨거운 사명감 하나에서부터 시작되었음을 강조하고 또 강조했던 것이다.

"미국은 반드시 자유와 평등을 누리는 하나의 나라가 되어야 합니다."

링컨은 대통령으로서 국민에게 확실한 비전을 제시했다. 그 비전의 실현이 곧 자신의 사명임을 확신시켜주었다. 그리고 1848년 프랑스혁명 실패 이후 전체주의로 회귀하려는 유럽의 상황에 맞서 무조건 미국의 자유와 민주주의를 지켜내야 한다는 링컨의 절박함도 오직 링컨의 사명감 때문이었다고 역사학자들은 말하고 있는 것이다. 마지막 순간까지도 전쟁의 결과는 아무도 확신할 수 없었다. 하지만 링컨을 버티게 한 것은 오직 사명감이었다. 국가를 사랑하는 링컨의 뜨거운 사명감이 역사 깊은 유럽의 강대국들 앞에서도 미국인들을 당당하게 했으며 국가적 위기마저 견뎌내게 해주었다.

그렇다. 사명감에 눈이 뜨이는 것처럼 놀라운 일은 없다. 사명을 자각하는 것은 인간 혁명의 결정적 계기가 된다. 사명에는 인간을 새 사람으로 만드는 능력이 있기 때문이다. 낡은 사람이 새 사람이 되는 기적이 바로 이 사명에서 나온다. 아테네의 등대로서의 직분을 다하겠다는 사명의 자각이 소크라테스를 위대한 철인으로 만든 것처럼 말이다.

나라는 존재도 그렇다. 나라는 존재는 그냥 이 땅에 태어나서 그저 그렇게 한평생 살다가 죽는 그런 존재가 아니다. 어떠한 분명한 사명감을 가지고 이 세상에 태어난 것이다. 살아야만 하는 그 어떤 존재적인 이유를 가지고 이 땅에 태어났다는 것이다.

이처럼 인생의 목적을 발견하는 것이 사명이다. 사명이란 자신이 어떠한 존재로 태어났는지에 대한 깨달음이고 내가 무엇을 해야 하는지에 대한 자각이다. 그래서 사명은 나의 열정을 불러일으키고 나를 발전시키는 열쇠가 되는 것이다. 그처럼 중대한 사명을 완수하기 위해서는 때로는 나 자신이 엄청난 대가를 지불할 수도 있다는 각오가 서 있어야 한다.

사명감이 없는 사람, 그들 대부분은 열정이 소실되어 있다. 그래서 이런 사람들은 침대에서 일어나는 깃조차도 부담스러워한다. 인생살이 그 자체가 무의미하며 하루하루가 지루하기 때문이다.

사람이란 자신이 이 땅에 존재하는 목적을 알고 그 사명감을 조금씩 이루어나갈 때 자신의 존재 가치를 깨닫게 되는 것이다. 그렇다면 나의 인생 최고의 날은 언제일까? 바로 자기 인생의 사명을 자각하는 때이다. 일단 사명을 자각하게 되면 그 사명을 늘 가슴속에 품고 살아가는 것이다. 그러니 매일이 인생 최고의 날이 되는 것이다.

그 사명을 실현하고자 하는 과정에서 올바른 가치와 집념 그리고 열정이 죽지 않기 때문에 그는 살아 있음을 매 순간 느끼고 살아 있음에 감사하게 된다. 그때부터 그 사람은 비로소 행복한 사람이 되는 것이다. 이처럼 사명은 만족이자 희망이다. 사명을 통해 우리는 어제보다 발전된 나 자신으로 만들어나갈 수 있다.

이제 대한민국에도 오직 대통령만 되기 위한 대통령이 아니라 진정 나라와 국민을 뜨겁게 사랑하는 올바른 가치와 강한 의지, 굳건한 신념을 가진 대통령이 나와야 한다. 역사 깊은 세계의 강대국들 앞에서도 당당하게 우리 국민을 이끌어나갈 수 있는 사명감을 가진 대통령이 세워져야 할 것이다.

리더는 입체적으로
사고해야 한다

내가 아는 최선의 것을 실행하고

또한 언제나 그러한 상태를 지속시키려 한다.

– 링컨

　남북전쟁이 한창 벌어지고 있을 때다. 당시 맥클레런 장군이라는 인물이 있었다. 그는 가장 뛰어난 장군 중 한 명으로 손꼽히던 사람이다. 한번은 링컨 대통령과 국방장관 일행이 맥클레런 장군을 격려해주고자 예고도 하지 않은 채 야전사령부를 방문했다. 맥클레런 장군은 아직 전쟁터에서 돌아오시 않았었고 링컨은 몇 시간 동안을 사령관실에 앉아 그를 기다렸다. 드디어 맥클레런 장군이 늘어왔다. 그런데 그는 자신을 기다리던 대통령과 국방장관을 본체만체하더니 그냥 2층 자기 방으로 올라가는 것이었다. 링컨과 국방장관은 서로 눈빛을 마주치며 장군이 곧 내려오겠거니 생각하고 다시 앉아서 그를 기다렸다. 한참이 지난 후에야 부하가 나오더니 이렇게 말하는 게 아닌가.

"죄송합니다만 장군께서는 너무 피곤하여 잠자리에 드셨다고 대통령께 말씀드리라고 하셨습니다."

이 말을 듣고 장관은 화들짝 놀랐다. 직속상관인 자기는 고사하고 감히 대통령마저도 그렇게 무시할 수는 없는 일 아닌가. 그래서 장관은 다음과 같이 말했다.

"각하, 대통령께서 저 장군을 당장 직위해제시키셔야 합니다."

하지만 링컨은 잠시 침묵을 지키더니 나지막이 장관에게 다음과 같이 말했다.

"아니다. 저 장군에게 지금 이 시간 가장 필요한 건 휴식이다. 그 누구도 그의 쉴 권리를 뺏을 수 없다. 맥클레런 장군은 우리가 이 전쟁을 이기는 데 절대적으로 필요한 인물이다. 저 장군 덕분에 단 한 시간만큼이라도 이 유혈 전투가 단축될 수만 있다면 나는 기꺼이 그의 말고삐를 잡아주고 그의 군화도 닦아줄 것이다. 나는 그를 위해서라면 무슨 일이든 다 하겠다."

만약 링컨 대통령이 일국의 대통령임을 앞세워 노발대발하며 감정적으로 이 일을 처리했다면 남군에 밀리고 있던 당시의 전시 상황은 과연 어떻게 전개되었을까? 적지 않게 어려운 일들이 터졌을지 모른다. 하지만 링컨의 처신은 분명히 남달랐다. 그는 문제나 사건을 대할 때 남들과 똑같은 사고로 판단하고 처리하지 않았다. 링컨은 자신만이 가지고 있는 독특한 3D 사고, 즉 입체적인 사고로 문제와 사건을 해결해나갔다.

링컨이 대통령이라는 대단한 위엄이 있는 자리에 있는 것은 사실이었다. 하지만 링컨은 자신의 선한 목적을 이루고자 했으며 그러기 위해서는 지금 내가 무슨 일을 어떻게 더 냉철하게 이끌어나가야 할지 정확하게 알고 있었다.

그는 사고를 하고 논리를 세울 때 입체적으로 접근했다. 레고를 끼워 맞춰나가듯 또 다른 공간을 만들어내는 식으로 폭넓게 생각한 것이다. 지금 당장 눈앞의 작은 이익 하나만 생각하는 순간의 사고, 혹은 평면으로만 바라보는 획일적 사고를 하지 않고, 늘 더 크고 더 넓게 미래를 생각했다.

즉 링컨이 한 것은 사고의 폭을 넓혀가는 공간적 사고, 다각적 사고였다. 그는 이처럼 지혜로운 사고를 했다. 공간적 사고와 다각적 사고, 즉 입체적 사고. 3D 사고로 자신이 대처해나가야 할 문제들의 가장 중요한 본질이 무엇인지를 들여다보았다. 지금의 현실과 상황 그리고 전체의 흐름을 마치 자신의 설계도를 보듯이 들여다본 것이다.

왜 이것이 그에게 가능했을까? 바로 화석화된 기존 사고들을 과감히 버렸기 때문이다.

그렇다면 이러한 3D 사고는 어디에서 나오는 것일까? 자신을 이길 수 있는 냉철한 판단력과 초인적인 훈련 그리고 지속적인 노력을 통해서만 가능하다. 물론 사람마다 다 다를 수 있겠지만 누구는 책을 읽다가, 누구는 실패와 시련을 통해서, 누구는 삶 속에서의 절박한 체험을 통해서 실현 가능하다. 무엇이 되었든 3D 사고를 하는 데 바탕이 되어주는 이 같은 시도와 도전, 체험은 리더에게 반드시 필요한 것이다.

우리는 얼핏 링컨은 연설을 잘하고 리더십이 아주 뛰어났다고만 알고 있다. 하지만 이는 링컨에 대한 추상적, 단면적 평가에 불과하다. 링컨의 리더십은 대부분 '상대 중심적 대화'에서 발견된다. 상대 중심적 대화란 곧 배려와 명분에 입각한 대화를 말한다. 링컨은 중요한 문제를 직접적으로 언급하거나 업무를 강압적으로 지시하지 않았다. 그는 여러 번 생각해보고 모든 상황을 입체적으로 꿰어 맞춘 후에야 비로소 멀리 내다보는 결정구를 던지기를 좋아했다. 링컨은 전형적이고도 탁월한 3D 사고의 소유자였던 것이다.

링컨의 입체적 면모를 살피다 보면 여러 가지가 있지만 가장 크게 눈에 띄는 것이 하나 있다. 바로 남북전쟁 말기 때의 일이다.

남부의 평화협정 제의와 수정헌법 13조(노예해방을 헌법적으로 완벽하게 보장할 수정헌법 조항) 입법의 기로에서 고뇌에 찬 링컨의 수개월간의 행적에서 그의 입체적 면모가 여실히 드러난다. 남부의 평화협정 제의를 받아들이면 더 이상의 유혈 사태를 당장 막을 수는 있으나, 노예해방은 흐지부지되어 처음부터 다시 시작해야 할 판이었다. 그렇다고 수정헌법 13조의 입법이 성공하면 수백만 명의 노예와 그 자손에게 자유를 줄 수는 있지만 언제 끝날지 모르는 피의 전쟁과 희생이 계속되어야 하는 것이었다. 쉽게 말하면 남북전쟁이 끝나면 노예해방선언이 폐기될지도 모른다는 것이었다.

그야말로 진퇴양난이었다. 당시 수정헌법 13조는 상원에서는 통과되었으나 하원에서는 민주당이 주정부의 권리를 내세우며 반대해 결국 통과되지 못한 상태였다. 하지만 링컨은 끝내 이 기로에서 전쟁이 끝나기 전에 수정헌법 13조를 통과시키겠다고 결단한다. 이를 위해서는 공화당 의원 모두가 무조건 찬성해야 했고 민주당에서도 최소한 수십 표 이상을 얻어야 했는데 현실은 만만치가 않았다. 민주당 의원들 사이에서는 당연히 반대할 것이며 공화당 내에서도 은근히 링컨을 시기하는 보수파는 평화협정과 연관된 조건부 찬성만 할 것이 뻔했기 때문이다. 이때 링컨은 자신만이 가지고 있는 탁월한 3D 사고, 레고를 꿰맞추어 나가듯 하는 그 입체적인 사고로 밀고 나가기 시작한다.

제일 먼저 가장 보편적이면서 합리적이고 타당한 가치에 기초한 일대일 설득을 하기 위해 수많은 사람을 직접 찾아간다. 그리고 민주당 온건파 하원의원들을 집무실에 한 명씩 초대해 설득 작업을 벌이기 시작한다. 여기서 링컨은 아예 자신의 혼魂마저 던져버린다. 대통령의 권위고 뭐고 필요 없었다. 그뿐만이 아니었다. 공화당 보수파가 원하는 평화협정 회담도 비밀리에 진행하는 시늉만 하면서 브로커들을 통한 의원 매수 등 모든 방법을 총동원하기 시작한다. 천하의 링컨이 의원 매수까지, 그것도 속전속결로 진행해나간다. 물론 이러한 상황 속에서 여러 가지 정치적인 위기를 맞기도 하지만 노련하게 대처하면서 모든 협상과 줄타기 끝에 입법의 순간까지 다가간다. 그리고 마침내 수정헌법 13조를 통과시키는 업적을 남기게 된다. 지도자로서 인간적 한계에 직면하여 고뇌하고 분노하기도 하는 링컨의 입체적인 모습을 가장 효과적으로 보여준 것이다.

훗날 공화당 급진파들마저도 이렇게 얘기했다.

"수정헌법 13조의 통과 과정을 통해 보여준 링컨의 정의 실현은 가히 입체적인 모습이었습니다. 가족 앞에서의 링컨의 모습만 정치적 문제를 해결하는 노련한 대통령과 다른 모습이었을 뿐 링컨의 정치에 대한 입체적인 사고를 보면 결코 남들과 똑같은 사고와 생각을 가지지 않았습니다. 실로 대단한 정치인이었습니다."

리더는 분노 조절을
할 수 있어야 한다

이쪽에 반쯤의 타당성밖에 가지고 있지 않은 일에 대해서는
크게 양보하고 자신만만한 일일지라도 조금은 양보해라.

– 링컨

링컨의 아버지 토머스 링컨은 1637년 영국에서 미국으로 이민한 사람으로 평범한 집안 출신이었다. 처음에는 주로 농사일을 하다가 후에 목수 일을 했고 나중에는 구두 수선공으로도 일했다. 구두 만드는 솜씨가 워낙 뛰어나서 상원의원들까지도 그의 기술을 인정해줄 정도였다. 아버지가 세상을 떠나고 링컨이 대통령에 당선되었을 때 상원의원들은 구두 수선공의 아들, 링컨이 대통령이 된 사실에 엄청난 충격을 받았다. 상원의원들 대부분은 명문 귀족집안 출신인 데다가 일류 학벌을 소유하고 있었다. 그에 비해 링컨은 명문 대학은커녕 초등학교도 졸업하지 못한 무학력이었다. 자기들이 보기에 무식한 링컨의 밑에서 일하게 된 것에 대해 몹시 불쾌하게 생각했던 것이다. 주위에서도 비아냥거리는 사람들이 점점 더 많아지기 시작했다. 링컨이 대통령에 당선되고 처음으로 상원의원들 앞에서 취임 연설을 하게 되었을 때였다. 어느 거만하게 보이는 한 상원의원이 링컨을 향해 조롱하듯 이렇게 말했다.

"당신같이 못 배우고 가난한 사람이 대통령이 되다니 정말 놀랍군요. 하지만 한 가지, 당신의 아버지가 구두 수선공이었다는 사실을 잊지 마시오. 가끔 당신의 아버지가 우리 집에 신발을 고치기 위해 나를 찾았고 지금 내가 신고 있는 이 구두도 바로 당신 아버지가 수선해준 것입니다. 지금까지 그런 형편없는 구두 수선공의 아들 신분으로 대통령이 된 사람은 아마 미국 역사에도 없을 거요."

그의 말이 끝나자 여기저기서 링컨을 비웃는 웃음소리가 들려왔다. 하지만 링컨은 지그시 눈을 감고 무엇인가 생각에 잠긴 듯 아무 말이 없었다. 의사당 안에는 무거운 침묵이 흘렀다. 그때 링컨의 눈가에는 작은 이슬이 맺히기 시작했다. 그러나 그것은 부끄러움의 눈물은 아니었다. 그의 얼굴에서는 담대함이 묻어났고 조

금도 흔들림이 없었다. 곧이어 링컨은 자기를 조롱했던 그 상원의
원을 향해서 이렇게 말했다.

"고맙습니다, 의원님! 한동안 아버지를 잊고 있었는데 아버지를
기억하게 해주셔서 감사합니다. 그렇습니다. 저의 아버지는 아주
훌륭한 구두 수선공이셨습니다. 혹시 여러분 중에 아버지에게 구
두를 수선받았는데 잘못된 구두가 있으면 저에게 가져오십시오.
저도 아버지 어깨너머로 배워서 구두를 수선할 줄 압니다. 물론
아버지만큼의 실력은 안 되지만요. 저는 그런 아버지를 두었다는
것이 정말 자랑스럽습니다. 나는 자랑스러운 아버지의 아들이고
지금도 아버지를 존경합니다."

링컨은 자신을 조롱하는 상원의원의 무례한 공격을 받고도 전
혀 불쾌해하거나 화를 내지 않았다. 오히려 특유의 온유한 말로
받아넘겼다. 한 인간으로서 그의 분노 조절은 가히 성자 수준이
었다. 대통령의 신분으로서 조금도 화를 내지 않고 자신의 분노
를 조절할 수 있다는 것은 링컨이었기에 가능했을 것이다. 우리
나라에서 대통령이 어느 국회의원으로부터 이런 조롱과 함께 무
례한 공격을 받았다면 과연 어떤 장면이 연출되었을까. 그것도
자신이 아니라 아버지를 비하하는 말을 들은 대통령의 심정은 어
떠했을까. 나라면 어떻게 했을까. 그저 링컨에게 뜨거운 박수를

보내고 싶은 심정이다.

우리가 링컨의 삶을 생생하게 들여다볼 수 있는 것은 바로 그의 수많은 편지 덕분이기도 하다. 링컨은 정치에 뛰어든 이래 하루 평균 수십 통의 편지를 썼다고 한다. 물론 당시 주요 통신 수단이 편지밖에 없기도 했지만 링컨만큼 편지를 애용한 정치가는 극히 드물었다. 특히 그는 자신과 좋지 않은 인연을 맺고 있는 모든 사람에게 자신의 생각을 담은 편지를 썼다고 한다. 링컨이 편지를 쓰는 시간은 많은 변화를 가능케 하는 시간이었다. 상대방을 향한 화를 조금씩 가라앉힐 수 있었기 때문이다. 편지는 말과 달라서 분노를 조절하기에 충분한 시간을 벌 수 있는 이점을 이용했던 것이다. 그리고 그는 편지를 받으면 거의 다 답장을 해주었다고 한다.

한번은 이런 일이 있었다. 남북전쟁이 한창이던 중 상관에게 폭언을 해 군사법원에 회부된 젊은 장교를 안타깝게 여긴 링컨은 사면하면서 그에게도 편지를 보냈다.

"동등한 권리가 있다면 자신의 것을 양보하고 자네의 권리가 확실하다 해도 작은 것은 양보하게. 권리를 위해 싸우느라 개에게 물리기보다는 길을 비켜주는 게 낫네. 개를 죽일 수 있다 해도 물린 상처는 지워지지 않으니 말일세."

다시 링컨

분노해서 함께 맞서지 말라는 것이었다. 링컨은 비리를 저지른 장관을 교체할 때나 정적이 음모를 꾸밀 때조차도 편지를 보내 상대방을 무한히 신뢰하고 있다는 것을 항상 먼저 내비쳤다. 결국 해당 장관과 정적은 그 후에 충실한 링컨의 사람이 되었다. 이처럼 지도자로서 링컨은 원수를 친구로 만들어나가는 능력이 뛰어났다.

링컨은 좀처럼 화를 내지 않았다. 인간적으로는 얼마든지 화를 낼 수 있는 상황이어도 끝까지 자신의 분노를 조절할 줄 아는 아름다운 인격을 소유한 사람이었다. 아무리 화가 나는 일이 있어도 안으로 눌러 삼키는, 리더로서 기본 덕목을 완벽히 갖춘 지도자였던 것이다.

때로 우리는 자신의 분노를 조절하지 못해서 한순간에 나락으로 떨어지는 사람들을 보게 된다. 한순간의 분노가 평생 깊은 상처로 남아 일생을 후회하며 살아가는 사람을 보게 되는 경우가 참 많다. 홧김에 저지른 실수 하나가 너무나도 많은 것을 잃어버리게 하는 것이 우리 인간사이기도 하다. 《신드바드의 모험》에 나오는 이야기 중에 높은 나무 위에 있는 코코넛을 따기 위해 그 나무 위에 있는 원숭이들에게 돌멩이질을 하여 화를 돋우게 한다는 이야기가 있다. 그러면 화가 난 원숭이들이 코코넛을 따서 밑으로 내던지게 된다는 것이다. 이 이야기의 원숭이들처럼 상대방이 자신을 공격했다고 화를 내면 도리어 화를 돋운 쪽만 유리하게 된다.

또한 나의 분노는 대부분이 남들의 잘못이 아닌 니의 못난 모습에 대한 분노이다. 대부분의 분노는 자신의 인격이 부족하기 때문에 나온다는 말이다. 화는 백해무익하다. 나에게 아무런 이익을 가져다주지 못한다. 화는 사람을 나락으로 떨어지게 하는 지름길이다.

물론 화를 참는다는 것은 결코 쉬운 일이 아니다. 하지만 우리는 화를 참고 다스리는 훈련을 해야 한다. 조절과 통제의 문제에 초점을 맞추어 화를 다루어야 한다. 그 이유는 죽을 만큼 싫어도 결국엔 내가 후회하는 인생을 살아가지 않기 위해서다. 결국 나 자신을 위해서 참아야 하는 것이다. 순간의 감정을 다스리기는 아주 힘들지만 그 순간의 시간만 흐르고 나면 비로소 내 삶이 자유로워질 수 있기 때문이다.

그렇다면 왜 우리는 화를 참지 못해서 스스로 파멸의 길을 가는 것일까? 화내는 것을 내가 해야 될 소명疏明이나 권리라고 생각하기 때문이다. 화라는 것은 그 단순한 감정을 없애려고 하면 할수록 더 살아나는 묘한 특성이 있다. 그러므로 힘든 상황에서 빨리 빠져나가는 것이 가장 현명한 방법이다. 화를 다스릴 줄 안다는 것은 내가 살아가기 위한 궁극적인 수단이요 미래에 대한 희망이다. 그리고 내 인생이 파멸되지 않기 위한 최선의 선택이다.

특히 링컨은 화가 날 때도 언론의 중요성을 굉장히 잘 인식해나갔다. 그는 대부분 신문을 통해 국민의 여론을 접했으며, 여론의 추이를 수시로 파악했다. 그리고 여론의 대세에 중심을 맞춘 중도적 입장을 견지하되 여론의 변화 양상을 면밀히 관찰하여 모든 정책의 방향과 강도를 조절하는 데 적극 활용해나갔다. 그리고 어떠한 어려움이 있어도 모든 정파와 내각을 단결시켜나갔다.

또한 그는 자신에 대해 심하게 비난하는 기사마저도 늘 객관적으로 받아들이며 이해하려고 노력했다. 또한 언론의 기사에 대해 건전한 비판적 자세를 견지하는 데도 전혀 게으르지 않았다고 한다. 링컨은 때로는 비록 납득할 수 없을 정도로 자신을 비난한 기사라 할지라도 그 기사에 대해서 단 한 번도 화를 내지 않은 것으로도 유명하다. 이러한 일들에서 링컨의 분노 조절 능력이 얼마나 대단한가를 우리는 알 수가 있다.

통나무집에서 가난하게 살았고 배우지 못한 링컨이 독학으로 변호사가 되었고 스물일곱 번의 실패를 거듭한 끝에 미국의 대통령이 되었으며 마침내 괴한의 총탄에 맞아 세상을 떠났다는 이야기를 모르는 사람은 거의 없을 것이다. 하지만 한 불우한 소년이 성장하여 어떻게 세상을 바꾸었는지, 수없이 부딪치고 싸울 수밖에 없었던 격정의 삶 속에서도 끊임없이 참고 견디며 억울하거나 화가 나는 상황에서도 분노를 조절할 줄 알았다는 것, 그리고 링컨의 그 따뜻하고 인간적인 모습이 세상을 바꾸었다는 것을 아는 사람은 그리 많지 않을 것이다.

지도자는 분노해서는 안 된다. 특히 일국의 대통령은 쉽게 분노해서는 안 된다. 분노하면 결국 나의 사람들까지도 다 나를 떠나버린다. 분노 조절을 하지 못하는 자는 결코 큰일을 할 수가 없다. 여전히 우리에게 분노 조절 장애가 있다면 그 또한 질병임을 인식해야 한다. 세상은 화를 잘 내는 자를 가만두지 않는다. 지도자가 아니더라도 우리는 화를 참는 훈련을 받아야 한다. 그리고 스스로 무던히 노력해야 할 것이다. 그러지 않으면 결국엔 내 주변 사람들이 모두 다 내 곁을 떠나버릴 수도 있다.

5부

링컨의
위대한 유산

약자들의 아픔을
대변한 변호사

정직한 변호사가 되지 못할 것 같으면

변호사가 되지 말고 정직한 사람이 돼라.

– 링컨

링컨의 직업은 참으로 다양했다. 켄터키의 작은 시골 마을에서
태어나 농부로 시작하여 뱃사공을 하면서 막노동 일까지 했다. 그
리고 청년 시절부터는 점원을 시작으로 자영업을 하면서 두 번의
사업 실패를 경험한 후 군인의 길로 접어들었다. 그는 미시시피
강가에 있는 인디언 접경 지역에서 의용군 대장까지 하게 된다.
제대 후에는 우체국에서 국장으로 일했으며 수입이 많지 않아 다

시 측량기사 자격증을 따 측량기사로 일했다. 측량기사로 일하고 있을 때 법률에 관심을 보이자 이를 알아차린 절친한 친구 스피드의 권유에 따라 변호사 공부를 하기 시작한다.

1836년 그의 나이 27세 때 링컨은 독학으로 단 2년 만에 변호사가 되는 쾌거를 이룬다. 그것도 단 한 번 만에 그 어려운 변호사 시험에 합격하여 일리노이주에 있는 법정에서 법관으로 일할 수 있는 자격증을 얻게 된다. 정말이지 법학대학을 나오지 않고 변호사가 된다는 것은 결코 쉬운 일이 아니다. 한마디로 대단하다고 말할 수밖에 없다.

그 후 링컨은 동료 주 의원이며 친구인 존 스튜어트John Stuart와 함께 의회에서 가까운 곳에 조그마한 변호사 사무실을 열게 된다. 주의회가 열리는 가을에는 의회에서 정무를 보다가 의회가 휴정에 들어가면 스프링필드에서 변호사로 일했다. 그때 링컨은 의회와 법정에서의 활동을 통해 현실적인 인권에 대한 광범위한 지식을 얻고 변호사로서 큰 경험들을 하게 된다. 그리고 이때에 그는 논리학과 기하학 공부에 아주 많은 시간을 할애했다고 한다. 훌륭한 변호사가 되기 위해서는 반드시 필요한 학문이었기 때문이다. 물론 여기에서 링컨이 초등학교도 졸업하지 못한 학력으로 변호사가 되었다는 사실도 대단하지만, 그것보다 그가 변호사가 되어서 어떠한 마음자세로 일하였는지가 더 중요하다.

링컨이 변호사로 점점 유명해지기 시작하던 때의 일이다. 한번은 이런 일이 있었다. 어느 부인이 부동산 소유권을 가지고 소송할 일이 있어 링컨을 찾아왔다.

"여기, 부동산 서류와 착수금 200달러입니다."

"네, 일단 서류를 한번 검토해보겠습니다."

사건을 좀 조사해봐야겠다면서 링컨은 부인에게 내일 다시 찾아오라고 당부했다. 링컨은 서류를 한번 죽 검토한 뒤 약간의 주저함도 없이 다음 날 이렇게 말했다.

"죄송합니다만 부인께서는 이 땅에 대한 소유권이 없는 것 같습니다. 아무리 소송을 건다 할지라도 오히려 부인의 손해만 클 뿐입니다. 저로서는 솔직히 양심상 소송을 권하지 못하겠습니다. 만족스러운 답변을 드리지 못한 것 같아 죄송합니다."

"아닙니다. 다른 곳에서는 일단 소송을 걸어보자고 했는데 변호사님께서는 솔직하게 말씀을 해주셔서 오히려 감사합니다."

부인은 그 충고를 만족스럽게 받아들이고 일어나 가려고 하였다. 그때 링컨은 자기의 조끼 주머니를 뒤적거리면서 말했다.

"잠깐만요! 두고 가신 수표가 여기 있어요. 이 돈 200달러는 도로 가져가십시오."

"아닙니다, 변호사님. 상담료는 당연히 받으셔야죠."

미국 변호법상 사건을 맞지 않아도 사건 상담 수수료는 당연히 받는 것이다. 하지만 링컨은 받지 않았다.

"아닙니다. 할 일을 했을 뿐인데, 이 돈을 받을 수 없습니다."

링컨은 성실할 뿐만 아니라 정직한 변호사로 유명했다. 스프링 필드 지역에서는 모르는 사람이 없을 정도였다고 한다. 그는 늘 약자와 가난한 사람들의 편에 서서 변호를 했으며 자신의 신념에 맞지 않는 일은 절대로 맡지 않았다고 한다.

링컨은 25년 동안 변호사로 활동했다. 대통령으로 재임한 5년보다 다섯 배가 더 많은 세월을 변호사로 일한 것이다. 그리고 그는 5600건 이상의 사건을 수임했다. 그의 변호사 시절의 행보가 일일이 다 알려져 있지는 않지만 과연 그의 변호사 생활이 어떠했는지는 가히 짐작이 간다.

살인범이라는 누명을 쓰고 억울한 옥살이를 하게 된 더프라는 청년이 있었다. 링컨은 재판 서류를 꼼꼼히 살펴보고 나서 살인 현장을 수십 차례나 둘러보았다. 순간 더프가 살인범이 아니라는 확증을 잡았다. 링컨은 솔선해서 그 사건의 무료 변론을 맡겠다고 자청해 나섰다. 링컨의 예리한 변론으로 결국 더프는 살인범이라는 누명을 벗게 되었다. 더프는 이 세상을 다 얻은 것처럼 펄쩍 펄쩍 뛰었다. 하지만 그는 이내 실의에 빠졌다. 비싼 변호사 수임료를 낼 수 없었기 때문이다. 그는 링컨이 무료 변론을 해준 것을 아직 모르고 있었다. 링컨이 그에게 말했다.

"수임료는 조금도 걱정 말게나. 내가 먹고 마실 양식은 이미 하늘에서 다 준비해놓았다네. 단지 나는 악인의 동조자가 되고 싶지 않아서 이 사건을 열심히 변호했다네."

그가 우리에게 남긴 족적이 바로 이런 것들이다. 링컨이 1850년에 법률 강의를 한 노트에는 이런 글귀가 적혀 있었다. 이 글귀가 발견된 후 의과 대학원에서 히포크라테스의 선포를 가르치는 것처럼 링컨의 이 문구를 많은 법학 대학원에서 학생들에게 가르치고 있다고 한다.

"변호사는 어떠한 사람이 되어야 하는가? 사람들은 일반적으로 생각하기를 변호사는 정직하지 못하고 정직하게 해서는 안 되는 직업이라고 생각한다. 그러나 그것은 잘못된 생각이다. 만약 변호사라는 직업을 선택하길 원하는 사람이 있다면 단 한 순간이라도 이런 부정직한 생각을 해서는 안 될 것이다. 어떠한 상황에서든지 정직하기를 결심하라. 그리고 자기 스스로 판단하기에 만약 정직한 변호사가 되지 못할 것 같으면 변호사가 되지 말고 먼저 정직한 사람이 돼라."

거짓이 잠깐은 통할 수 있지만 영원히 통할 수는 없다는 것이 그의 소신이었다. 링컨은 자신이 맡은 변호 일은 끝까지 책임을 다했고 고객들에게 가장 인기 있는 정직한 변호사로 꾸준히 소문이 퍼져나갔다. 그 정직성이 발판이 되어 후에 연방법원의 업무까지 노낱게 되어 전국구 번호사로 싱장하게 된 것이다.

특히 노동인권위원회에 가서 그가 질의한 내용들을 보면 법률 해석이 아주 뛰어났다. 법전을 보지 않고도 문제의 쟁점을 순식간에 포착해서 법리 논쟁을 벌일 때면 공무원들이나 다른 변호사들이 경쟁이 되지 않을 정도였다고 한다. 그리고 현장을 방문해서도 대중 강연과 웅변을 굉장히 논리적으로 잘했다.

분명한 것은 링컨은 부富를 위해서 변호사가 된 사람이 아니라는 것이다. 존경받기 위해 그 어려운 변호사의 길을 선택한 것도 아니었다. 가난하고 소외된 자들을 위해, 억울하고 불쌍한 사람들을 위해, 자신이 있음으로 해서 이 세상이 더 좋아졌다는 것을 보여주기 위해 변호사 일을 했다. 그리고 그의 정의롭고 선하며 정직한 마음이 결국 그를 미합중국의 대통령이 되게 하였던 것이다. 대한민국에 정말로 이러한 지도자가 필요하다. 링컨처럼 정의롭고 선하며 정직한 대통령을 만날 수 있기를 염원한다.

남북전쟁을
승리로 이끌다

내가 반드시 싸워야 함은 승리가 아니라

진리를 지키기 위함뿐이다.

— 링컨

남북전쟁은 어떻게 해서 일어나게 되었는가? 대부분의 사람들은 노예해방을 위해서 일어났다는 정도로만 알고 있다. 물론 틀린 말은 아니다. 하지만 실상을 보면 노예해방 때문에 전쟁이 벌어진 것은 아니었다. 실제 사연은 이렇다.

미국 북부는 공업이 발달한 산업 지역이었으며 인구가 늘어나면서 공업 제품 생산량이 급속히 증가하고 있었다. 하지만 남부 지역은 목화 재배를 중심으로 거대한 농장들을 운영하는 곳이었다. 공업 생산품을 만들어 경제를 부흥시키던 북부와는 달리 목화와 사탕수수가 주 수입원이었던 남부에서는 원가 절감을 위해서 흑인 노예들의 노동을 착취해야만 했다. 즉 경제 면에서 북부가 자유주의 노동력에 의해 운영되고 있는 반면, 남부는 노예의 노동에 의존하고 있었다. 사실 여기까지는 전쟁이 일어날 만한 아무런 이유가 없었다. 하지만 경제적인 이득 면에서 서로의 이해관계가 맞지 않았던 것이 문제였다.

그 이유는 아주 간단했다. 당시는 영국에서 산업혁명이 막 시작되면서 방직업이 폭발적으로 성장하고 있었을 때이다. 자연히 목화의 수요가 급증할 수밖에 없었으며 이러한 때에 남부에서는 목화를 유럽으로 대대적으로 수출하면서 막대한 이득을 얻고 있었다. 반면에 당시 미국의 공화당에서는 미국의 경제 부흥을 지속시키기 위해 유럽에서 들어오는 모든 공업 생산품에 관세를 매기기로 결정한 것이다. 특히 영국에서 들어오는 싼 값의 공산품 때문에 자국의 공업이 가격에서 밀릴 수 있다는 판단에서였다. 결국 문제는 관세였다. 농업 위주로 살아가는 남부 지역에서는 유럽 제품에 높은 관세를 매기는 것에 대해 거세게 반발하기 시작했다. 노예들의 값싼 노동으로 생산된 목화를 이미 유럽에 싼 값으로 수출하고 있기에 유럽으로부터 관세를 받게 되면 목화 수출 시에 고관세를 내야 할 것이기 때문이다. 한마디로 말하면 남부 입장에서는 자유무역이 자신들에게 훨씬 유리했던 것이다.

링컨이 제16대 미합중국 대통령으로 당선되었을 때 그는 마침내 어릴 적부터 꿈꿔왔던 노예해방을 위한 법안 제정을 서둘렀던 것이 사실이다. 그러나 그 일은 호락호락하지가 않았다. 흑인 노예들로 인하여 부와 권세를 누리던 기득권 세력, 특히 남부 지역 농장주들이 목숨을 걸고 반대했기 때문이다. 이러한 상황 속에서 공화당의 링컨이 대통령에 당선되자 수입관세를 매기는 것에 결사반대하던 남부 지역의 7개 주는 결국 미연방 정부로부터 탈퇴를 선언하고 남부연합을 결성하게 된다. 그러므로 남북전쟁은 노예제도의 찬반 문제로 시작된 것이 아니라 남부와 북부의 경제권 이해관계에 따른 지역 갈등에서 먼저 촉발되었던 것이다. 결국 링컨의 대통령 당선 자체가 이미 남부의 연방 탈퇴의 시발점이 되었던 것이다. 이렇다 보니 남부 지역은 자연스레 노예제도를 더 옹호하게 되었고, 상공업을 중심으로 민주주의가 발달한 북부 지역에서는 노예제도에 대체적으로 반대 입장을 표명했다. 특히 그런 의견을 표한 많은 북부 사람들 가운데 공화당 지도자들은 노예제도를 국가의 큰 악으로 생각했고, 일부 남부 대규모 농장 소유자들이 그 악을 확대할 목적으로 국가의 정치를 좌지우지할 수 있다고 판단했다.

결국 노예 존속을 강력히 주장하던 남부의 7개 주 앨라배마, 조지아, 루이지애나, 플로리다, 미시시피, 사우스캐롤라이나, 텍사

스는 링컨이 대통령에 취임하기 한 달 전인 1861년 2월 8일 앨라배마주의 몽고메리시(지금 현대자동차 공장이 있는 지역)에 모여 남부연합을 결성하게 된다. 그리고 미시시피 출신의 제퍼슨 데이비스Jefferson Finis Davis를 새 대통령으로 선출하고 미연방으로부터 공식적인 탈퇴를 선언한다. 데이비스는 웨스트포인트(미 육군사관학교)를 졸업하고 멕시코 전쟁에서 대령으로 복무했으며 프랭클린 대통령 시절 전쟁장관을 역임했다. 그리고 미시시피주 상원의원을 지내기도 했다. 1860년 11월 6일 링컨이 대통령에 당선되자 남부에서는 노예제 반대론자가 대통령이 된 것에 대한 위기감을 공공연하게 드러냈고, 사실 링컨 자신도 전혀 예상치 못했던 남북전쟁에 휘말리게 된 것이었다.

결국 남부연합군은 링컨이 대통령에 취임한 지 28일 만인 1861년 4월 12일 새벽, 사우스캐롤라이나주의 수도인 찰스턴 항구(남북전쟁 시대를 배경으로 한 영화 〈바람과 함께 사라지다〉의 주요 촬영 장소)에 있는, 연방정부의 영토였던 섬터Sumter 요새의 미연방 무기고를 공격했다. 섬터 인근의 피컨스 요새와 테일러 요새까지 연방에 속해 있었기 때문에 링컨 대통령은 섬터 요새를 사수하기로 결정한 상태였다. 하지만 기어이 남군은 섬터 요새를 공격하고 만 것이었다. 그리고 전쟁이 시작되기 전부터 노예제도를 어느 정도 옹호하고 있던 남군에 속해야 할지 고민하고 있던 네 개 주(노스캐롤라이나, 테네시, 버지니아, 알칸소)도 남부연합에 가입하면서 순식간에 11개 주로 늘어나게 된다. 결국 남부의 11개 주가 탈퇴하여 아메리카 연맹 국가The Confederate States of America를 수립한 다음 달인 1861년 3월 4일 남부에서 침투한 자객들이 잡히는 등 어수선한 분위기 속에서 에이브러햄 링컨은 아메리카 합중국의 16대 대통령으로 취임하게 된다. 하지만 링컨 대통령은 곧바로 연방 탈퇴를 반란 행위로 규정 지으며 단호하게 선언한다. 그것도 의회의 승인도 구하지 않고. 외국의 침범으로 시작된 전쟁이 아니라 반란 세력 진압일 뿐이라는 논리였다. 미국이라는 나라는 헌법보다 연방이 먼저 성립된 나라이므로 어떤 주도 연방을 탈퇴할 권리가 없다는 것이 링컨의 철학이었고 그의 강력한 주장이었다. 그리고 링컨은 미연방의 분열과 와해를 막는 것이 대통령의 으뜸가는 책무라고 거듭 천명하며 남부의 반란으로 인한 연방 해체의 위기를 극복하기 위해 다양한 세력을 결집하려고 자신의 라이벌들을 각료로 흡수하기 시작한다.

"미국에 속해 있는 어떤 주도 미연방으로부터 분리하거나 탈퇴할 권리와 자유는 존재하지 않습니다."

링컨 대통령은 섬터 공격을 받은 지 3일 만에 국가 반란 상태임을 공식으로 선포하고 7만 5천 명의 지원병을 소집한다. 이로써 남북전쟁이 공식적으로 시작된다. 결국 남북전쟁은 링컨 대통령이 속한 북군이 아니라 남군이 먼저 공격하면서 시작되었으며 노예해방의 찬반을 놓고 시작된 전쟁이 아니라 연방정부의 분열에 반대하는 북부와 독립을 원하는 남부의 전쟁으로 발발한 것이다.

남북전쟁이 일어나기 직전 1860년도의 남북의 상황을 비교해보면 북부 지역에서는 23개 주가, 남부 지역은 11개 주가 참가했다. 그리고 북부의 인구는 2200만 명이었으며 남부의 인구는 900만 명에 불과했다. 하지만 남군은 섬터를 선제공격한 후 단숨에 승리를 이끌기 위해 미연방의 수도 워싱턴을 목표로 용맹스럽게 진군해나갔다. 북군과 남군이 불런 강가에서 벌이는 전투를 보면서 비로소 전쟁이 그리 빨리 끝날 것 같지 않다는 것을 링컨과 북군은 깨닫게 된다. 그때서야 링컨은 즉각 북군에게 해상 봉쇄 명령을 내리고 해상을 장악하여 군수품의 유입을 봉쇄하는 데는 성공하지만 육지에서는 졸전을 면치 못하고 계속 밀리고 만다. 유능한 지휘관들을 찾아내어 무능한 지휘관들과 교체해야 하는 상황을 처음 맞아보는 링컨 대통령의 입장에서는 그것이 아주 막중한 임무가 아닐 수 없었다. 급기야 링컨은 버지니아 출신의 유능한 장군 로버트 리Robert Lee에게 야전군 사령관을 맡아주도록 요청한다. 하지만 그는 자신의 출신 주를 향해 총을 겨눌 수 없다며 대통령의 요청마저 거부하고 오히려 남군에 가담하는 기상천외한 일이 벌어지고 만다. 사실 이때만 해도 많은 남부 출신의 유능한 군 지휘자들(스톤월 잭슨, 로버트 리, 젭 스튜어트, 제퍼슨 데이비스 등)은 남군에 가담한 반면, 북군의 지휘관들은 단지 정치적인 배려에 의해 임명된 고만고만한 장성들뿐이었다. 당시 북부의 인구는 남부보다 세 배나 많았고 산업 공장이 발달하여 무기도 월등히 많았다. 당연히 군사력에서 우위에 있었던 것이다. 그러나 유능한 지휘관들의 부족으로 전쟁은 자꾸만 불리한 상황으로 치닫기 시작했다.

섬터 요새와 워싱턴을 공격당한 이후 북부에서는 남부연합의 수도인 리치먼드를 공격해야 한다는 여론이 빗발치듯이 들려왔다. 로버트 리마저 놓쳐버린 링컨은 결국 북군의 맹장 맥클레런 McClellan 장군을 출격시킨다. 그가 이끄는 군대가 바다를 이용해 리치먼드를 함락하기 위해 수도 인근까지 진격했지만 아이러니하게도 링컨의 요청을 거부했던 남군의 맹장 로버트 리의 뛰어난 작전으로 오히려 7일 만에 격퇴당하고 마는 사태가 벌어진다. 여기서 양측은 2만여 명의 사상자를 내는 대격전을 치르게 된다. 미 역사상 가장 큰 전쟁이었던 독립전쟁과 1812년에 벌어진 인디언 전쟁, 그리고 멕시코와의 전쟁에서의 사상자를 합친 것보다도 훨씬 더 많은 숫자였다. 하지만 이곳에서만 패배한 것이 아니었다. 여기저기에서 남군의 승전보만 터져 나오고 있었다. 특히 북군은 유능한 지휘관의 부족으로 병사들의 사기가 떨어지기 시작했다. 마침내 수도 워싱턴까지 넘겨주어야 하는 급박한 사태까지 벌어셨다. 여론은 살라지고 많은 사람이 자기 이해관계에 따라 선생에 대한 시각을 점점 달리하기 시작했다. 미국이 이라크를 침공했을 때처럼 "우리는 평화를 원한다", "다시금 남부와 타협하라", "노예제도 폐지 문제는 우리가 알 바가 아니다"라며 시위가 벌어지기 시작했다. 하지만 "아니다. 노예제 폐지 문제가 우선이다. 전쟁을 계속해야 한다. 연방정부가 하나가 되는 일은 그다음 문제다"라는 등 반대쪽 시위도 만만치 않았다. 그리고 극단주의자들이 더욱 더 활개를 치기 시작했다. 미국은 점점 더 깊은 수렁에 빠지는 형국이 되었다. 이제 링컨은 전쟁의 완료보다도 승리가 더 절실히 필요했다. 이 승리에는 더 이상의 연방 탈퇴가 없어야 하고, 모든 방면에서 노예가 사라져야 한다는 두 가지 전쟁의 목표가 포함되어 있었기 때문이다.

이때 링컨은 성경의 시편 37편을 읽으며 매일 무릎 꿇고 기도했다고 한다. 지금도 스프링필드에 있는 링컨기념관에 가면 당시 링컨이 즐겨 읽던 시편 37편이 펼쳐져 있다. 전쟁은 점점 미궁으로 빠지고 북군이 밀리기 시작하자 인간의 나약함을 깨달은 링컨은 하나님의 도우심과 지혜를 간구하기 시작했다. 링컨은 분열된 민심을 하나로 만들어야 했다. 또한 다른 주들이 남군으로 가지 못하도록 탈퇴를 막아야 했다. 남북전쟁 때문에 참소를 당할 때, 북군이 밀릴 때 링컨은 얼마나 심각하게 고뇌하고 힘들었을까. 대통령 링컨에게 남북전쟁은 얼마나 고통스러운 전쟁이었을까.

하지만 여전히 제2차 불런 전투를 포함한 북버지니아 작전에서 부터 북군은 또다시 남군에게 잇따라 패배한다. 리Lee 장군이 이 끄는 남부연합군에 고전을 면치 못하던 미연방군의 지휘 책임을 물어 결국 링컨 대통령은 여러 차례의 승리의 기회를 놓친 맥클레런 장군을 사령관에서 해임하게 된다. 제2차 불런 전투로 자신감을 얻은 남군은 그곳에서 처음으로 북쪽을 공격하기 시작했다. 로버트 리 장군은 자신의 출신 주인 버지니아군 4만 5천 명을 이 끌고 포토맥 강을 건너 메릴랜드주로 이동했다. 어쩔 수 없이 링컨은 포프의 병력을 맥클레런에게 돌려주었고 리와 맥클레런은 1862년 9월 17일 샙스버그 근처에서 미국 역사상 가장 많은 하루 사상자를 낳았던 메릴랜드주 앤티탐 전투를 치르게 된다.

리의 군대는 여기에서 남군 2만 8천 명이 전사하는 치열한 전쟁 끝에 패퇴하고 만다. 앤티탐 전투가 드디어 북군이 고대하던 승리의 분기점이 된 것이다. 그것이 승리로 확인되는 이유는 로버트 리의 공격을 초토화시켰을 뿐만 아니라 링컨이 노예해방을 선언할 기회를 제공했기 때문이다. 그랬다. 노예해방을 위한 결정적 승리의 계기는 링컨이 대통령이 된 지 1년 6개월 만에 이루어낸 앤티탐 전투의 승리였다. 그리고 남북 간에 가장 치열한 전쟁을 치른 지 5개월 만인 1863년 11월 19일 전투가 있었던 곳에 전몰군인들의 묘역을 조성하고 헌납하는 자리에서 에이브러햄 링컨 대통령은 그 유명한 게티즈버그 연설을 하게 되는 것이다. 그 자리에서 링컨은 남북진쟁이 단순한 노예해방 전쟁 이상의 의미를 가진다는 사실을 전 세계가 잊지 않도록 우렁차게 연설한 것이었다.

"지금으로부터 87년 전 우리의 조상들은 이 대륙에 자유 속에서 잉태되고 모든 인간은 평등하게 창조되었다는 명제에 봉헌된 한 새로운 나라를 탄생시켰습니다. 하지만 지금 우리는 거대한 내전을 치르고 있습니다. 이 전쟁은 이 같은 국가가 과연 영속할 수 있을지 큰 시련을 겪고 있는 것입니다.

오늘 우리가 모인 이 자리는 남군과 북군 사이에 큰 전쟁이 벌어졌던 곳입니다. 우리는 이 나라를 살리기 위해 목숨을 바친 사람들에게 마지막 안식처가 될 수 있도록 그 싸움터의 일부를 헌납하고자 여기에 왔습니다. 우리의 이 행동은 너무나도 마땅하고 적절한 행위입니다.

그러나 보다 더 큰 의미로 생각한다면, 사실은 우리는 이 땅을 바칠 수도, 정화할 수도, 그리고 신성하게 만들 수도 없습니다. 왜냐하면 이곳에서 싸우고 살아남은 분들과 전사하신 용감한 분들이 이미 이 땅을 신성한 곳으로 만들었기에, 여기에 무언가를 더 가감하는 것은 우리의 능력을 훨씬 뛰어넘는 일이라고 생각하지 않을 수 없기 때문입니다.

오늘 우리가 여기 모여 무슨 말을 했는가에 대하여 세계는 별로 주목하지 않을 것입니다. 그리고 오래 기억하지도 않을 것입니

▲ 게티즈버그에서 연설하는 링컨

다. 하지만 그 용감한 사람들이 여기서 수행한 일이 어떠한 것이 었는지에 대해서는 결코 잊지 않을 것입니다. 그들이 싸워서 그토록 고결하게 전진시킨, 그러나 미완성으로 남긴 일을 수행하는 데 헌납되어야 하는 것은 오히려 우리들 살아 있는 자들입니다. 그러므로 이제 우리 앞에 남겨진 큰 사명을 위해 우리가 몸과 마음을 바쳐야 합니다. 우리는 이들 명예로운 전사들이 모든 것을 바쳤던 그 목적을 위해 우리의 각오를 다져야 합니다.

오늘 이 자리에서 우리는 이들의 숭고한 희생이 결코 헛되지 않

을 것이라고 다짐합니다. 신의 가호 아래 반드시 이 나라에서 자
유가 새롭게 태동할 것이며 국민의, 국민에 의한, 국민을 위한 정
부는 이 지구상에서 결코 사라지지 않을 것입니다(Government
of the people, by the people, for the people shall not perish
from the earth)."

그는 자신의 이상을 국립묘지를 헌정하는 게티즈버그 연설에서
가장 감동적으로 표현하였다. 그리고 이 연설 하나가 오늘날 세계
민주 정치의 초석을 이루게 된 것이다. 게티즈버그 연설은 미국
의 전통인 자유주의 곧 자유, 평등, 민주주의에 대한 상징이 되었
으며 역사를 통틀어 가장 많이 인용되는 연설로 손꼽힌다. 링컨은
노예해방 선언을 가리키며 또한 이렇게 말했다,

"이것을 통해 나에게 가장 소중한 희망을 알게 될 것이라고 분
명히 나는 믿습니다."

하지만 링컨이 노예해방선언서에 사인을 하려고 하는 순간 이
미 그의 오른손은 마비가 되어 몹시 흔들리고 있었다. 그날 아침
연회에서 천여 명의 사람 모두와 악수를 했기 때문이었다. 할 수
없이 그는 펜을 내려놓았다. 그러고는 이렇게 말했다.

다시 링컨

"만약에 내 마음이 어떤 행동에 담겨 있다면 바로 이것일 겁니다. 하지만 내가 이토록 흔들리는 손으로 사인을 한다면 우리의 후손들은 이렇게 말할 것입니다. '링컨은 주저했었다'라고요. 그래서 나는 펜을 들 수 있을 때까지 기다린 후 아주 힘 있고 뚜렷하게 사인을 하겠습니다."

그리고 승리가 가까워지자 링컨 대통령은 1863년 12월 8일, 모든 연방국 소속 국민에게 합중국에 대한 충성을 서약하기만 하면 사면과 복권을 허용한다는 사면령을 선포한다. 노예해방 선언으로 400만 명이나 되는 흑인 노예가 자유를 누리게 되었다. 남부에 있는 수많은 농장에서 노예들이 이탈하기 시작했다. 그들은 북군의 군대에 자원입대해서 남군과 싸우기 시작했다. 북군으로서는 막대한 병력을 얻을 수 있게 된 것이었다. 남군의 사기는 점점 더 땅에 떨어졌다.

드디어 전쟁이 시작된 지 근 3년 만인 1864년 1월 링컨은 율리시스 그랜트 장군을 북부 연방군 총사령관으로 임명하게 된다. 그리고 그랜트 장군은 포토맥 군대를 본대로 정하고 윌리엄 셔먼 소장에게 대부분의 서부 군대의 지휘 작전권을 일임했다. 그랜트 장군은 남부연합 전체를 여러 방향에서 동시에 일사불란하게 공격하는 전략을 링컨 대통령에게 제안한다. 셔먼 장군은 애틀랜타를 공격한 후 바다(대서양)로 진군하도록 하고, 프란츠 시겔 장군은 세넌도어 계곡을, 조지 크룩 장군과 일리엄 어베럴 장군은 웨스트버지니아의 철도 보급선을 공격하고, 조지 미드 장군과 벤저민 버틀러 장군은 리치먼드 근처에서 리 장군을 공격하고, 나다니엘 뱅크스 소장은 앨라배마주의 모빌 지역을 점령하도록 명령을 받았다.

일사불란한 북군의 무차별 동시 공격에 시간이 흐를수록 로버트 리의 군대는 탈영과 사상자 발생으로 그 수가 현격히 줄어 그랜트의 군대보다도 훨씬 더 적은 수가 되어버렸다. 남아 있는 남군 조직들은 서쪽으로 달아나기 시작했으며 세일러 크릭 전투에서의 패배 이후로는 로버트 리가 북군에 대항해 싸우는 것 자체가 전술상, 병력상 모두 불가능하다는 것을 알고는 퇴각하기 시작했다. 결국 북버지니아의 군대를 이끌던 리 장군은 1865년 4월 9일 애퍼매턱스 코트 하우스 마을에 있는 윌리엄 맥린의 집에서 항복을 하고 말았다. 미 남부연합 반란군의 로버트 리 장군이 미연방군의 율리시스 그랜트 장군에게 항복함으로써 미국의 남북전쟁은 사실상 종결됐으며 무조건 항복을 이끌어내는 쾌거를 이루게 된다. 급기야 남부연합 대통령 제퍼슨 데이비스가 1865년 5월 10일 조지아에서 체포되고 로버트 리 장군의 항복 소식을 들은 남부 전역의 모든 남군도 그때서야 비로소 항복을 한다. 전쟁 중 1만 건이 넘는 교전이 발생했던 4년간의 치열했던 남북전쟁은 무려 61만 8천 명의 사망자를 낸 후 비로소 완전히 막을 내리게 된 것이다. 병사들은 얼싸안고 승리의 축포를 쏘며 기뻐했고 모든 국민은 전쟁이 끝났다는 감격에 집 밖으로 뛰쳐나와 국기를 흔들며 환호성을 지르면서 기쁨의 눈물을 흘렸다. 결국 링컨은 남북전쟁에서 그랜트 장군과 같은 최고 지휘관의 선발에 깊숙이 관여하며 남북전쟁을 승리로 이끌게 된 것이다.

더 나아가 북부의 입장에서는 노예해방을 위한 전쟁이라는 명분을 앞세워 영국이나 프랑스 등 유럽으로부터 지지를 이끌어내었으며 결국 남부 지역의 후방을 지원하던 흑인 노예들이 자연스레 이탈하게 만들어 승리하게 된 것이다. 그리고 공화당 내 여러 분파의 지도자를 내각에 참여시킴으로써 당의 각 분파가 협력하도록 잘 조정한 링컨은 연이어 1861년 말 트렌트호 사건에서 영국과 전쟁 위기까지 가자 이를 잘 해결한 후 급기야 누구도 부인하기 힘든 리더십의 제왕이 된다.

전쟁으로 시작된 링컨 대통령의 4년 임기가 끝나가고 1864년 11월 8일 대통령 선거가 치러지면서 재선을 노리는 링컨과 링컨에 의해 군사령관에서 해임된 존 프레먼트와 조지 맥클레런이 출마하였으나 프레먼트는 중간에 사퇴하고 맥클레런과의 결선에서 링컨은 아주 쉽게 재선에 성공하게 된다.

전대미문이었던 남북전쟁의 시발점은 간단했다. 남부와 북부 간에 서로 경제적인 이권 문제로 입장 차이를 좁힐 수가 없었기 때문이다. 물론 당시 미국에서는 노예제의 폐지 문제가 아니라 노예제의 유시 및 확산을 어디까지 인징할 깃인가를 놓고 대립되어 있었던 것이 사실이다. 하지만 분명한 건 노예제도 폐지 때문에 전쟁이 시작된 것은 아니었다는 점이다.

물론 그 당시 노예 문제는 매우 뜨거운 감자였던 것은 사실이다. 그리고 당시의 청교도 신앙과 여러 분야의 산업 구조 그리고 개인적 이기심 등이 복합적으로 상호작용하여 노예제도 폐지론과 존속론이 뜨겁게 다루어지고 있었던 것 또한 사실이다. 하지만 남북전쟁이 노예해방을 목적으로 시작된 것은 아니었다. 그렇지만 결과적으로는 노예해방이라는 전무후무한 역사의 한 획을 긋게 된 것이다. 인간에 대한 사랑과 용기, 자유와 평등에 대한 확고한 믿음을 기본으로 한 링컨의 리더십 덕분에 위대한 승리를 이룬 것이다. 그리고 중요한 것은 이 남북전쟁에서 가장 우뚝 서게 된 사람은 역시 에이브러햄 링컨이었다는 사실이다. 남북전쟁을 승리로 이끈, 역사에 길이 남을 그 위대한 족적을 링컨이 남기게 되었던 것이다. 이제 우리나라에도 언제 전쟁이 일어날지 모르는 남북의 대치 상황에 대한민국 국민을 위한 진정한 사랑과 용기, 자유와 평등에 대한 확고한 믿음을 가진 링컨과 같은 대통령이 반드시 나와야 할 것이다.

진정한
노예들의 아버지

타인의 자유를 부인하는 자는

그 자신도 자유를 누릴 가치가 없는 것이다.

– 링컨

　미국에 노예가 본격적으로 들어온 것은 16세기 중반부터 19세기 사이이다. 대부분의 노예는 아프리카 서부와 중부 지역에서 강제로 잡혀와 신대륙으로 팔려갔다. 그리고 그중에서 대다수의 흑인 노예는 아프리카 지배계급의 손에 잡혀와 유럽 노예상을 통해 거래되었고 미국으로 팔려 가는 노예무역은 주로 대서양에서 일어났다. 노예들은 주인에 의해 신체적 폭행을 당하며 짐승처럼 취급당하며 그야말로 비인간석인 대우를 받고 있었다. 모든 노예는 자유라는 한 단어를 마음속에 품고 막연히 노예해방 선언만을 기다리고 있을 뿐이었다.

시골뜨기 청년 링컨의 나이 20세 때 그는 난생처음으로 일리노이주 스프링필드에서 루이지애나주의 주도州都이며 가장 화려한 도시인 뉴올리언스에 여행을 가게 된다. 무역과 항구 그리고 라틴음악의 도시인 이곳에서 링컨은 우연히 노예시장에서 흑인들이 매매되는 광경을 보다가 엄청난 충격을 받는다. 똑같은 사람인데도 피부색이 검다는 이유 하나만으로 채찍을 맞으며 짐승처럼 부림을 받는 흑인 노예들이 너무나 불쌍하게 보였던 것이다.

노예시장에서는 우리나라 우시장에서 소를 사고파는 것처럼 사람을 두고 흥정을 하고 있었다. 한 가족인데 모자母子 노예가 서로 꼭 껴안고 떨어지지 않으려고 몸부림치며 울부짖는데 노예상인들이 기어이 떼어내어 엄마와 어린 아들을 따로따로 끌고 가는 광경을 목도하게 된 것이다. 아버지, 어머니, 자식들이 서로 목을 껴안고 떨어지지 않겠다고 발버둥치면서 통곡하다가 강제로 분산되는 처참한 광경이었다. '모든 인간은 평등해야 한다'고 생각했던 링컨으로서는 커다란 충격이 아닐 수 없었다.

젊은 청년 링컨은 그 비참한 광경을 보고는 너무나 가슴이 아파 아주 오랫동안 울분을 참지 못했다고 한다. 그날 이후 링컨은 두 주먹을 불끈 쥔 채 굳은 결심을 하게 된다.

'노예제도는 반드시 없어져야 해. 인간 사회에서 가장 악한 것이 인간을 노예로 취급하는 것이며 무슨 일이 있어도 노예제의 악(惡)만큼은 이 땅에서 없어져야 한다.'

1836년 그의 나이 28세 주 의원에 재선되었을 때 일리노이주 하원, 상원 의회에서 '노예제도 폐지론자 규탄안'을 제출하게 된다. 그리고 큰 표 차로 가결되고 만다. 계란으로 바위를 치는 격이었지만 링컨은 실망하지 않고 "규탄안의 통과는 악한 정책에 바탕을 두고 있으며 노예제도는 정의를 이기려는 불의"라며 거센 어조로 항의문을 보내기도 했다. 그리고 1846년 그의 나이 38세에 연방 하원의원에 당선되자 노예제도를 반대하는 첫 번째 연설을 하게 된다.

"우리가 살아가는 이 땅에 노예제도는 절대적으로 사라져야 합니다. 그것은 짐승 사회에도 없는 악행이기 때문입니다. 여러분, 한 집에서 같은 형제가 어찌 한 사람은 주인이 되고 한 사람은 노예가 될 수 있겠습니까? 나는 이 나라가 노예와 자유인으로 반반씩 나누어진 상태에서 살아갈 수는 없다고 생각합니다. 나는 합중국과 의회가 분열되는 것을 바라지 않습니다. 오히려 분열과 해체가 중단되기를 바랍니다."

링컨은 많은 사람의 방해에도 불구하고 끝까지 뜻을 굽히지 않았다. 노예해방에 대한 그의 이러한 강인한 신념은 긍휼한 마음에서 비롯되었다. 링컨은 하원의원이 되고부터는 더욱더 적극적으로 노예제도에 대한 자신의 반대 입장을 소신 있게 밀고 나갔다. 그로 인해 셀 수도 없을 만큼 갖은 고초를 겪기도 했지만 링컨이 열망하고 있는 노예제도 철폐는 조금도 흔들리지 않는 그의 가장 중요한 정책이 되었다. 그리고 1855년 그의 나이 46세 때 더글러스 후보와 겨룬 상원의원 선거 후보 연설 하나가 그에게 엄청난 분기점이 되는 역사적인 일로 벌어지게 된다.

"나는 흑인이 독립선언에 명시된 모든 천부적인 권리, 즉 생존권, 자유, 그리고 행복추구권을 부여받지 못할 하등의 이유가 없다고 주장합니다. 나는 백인과 마찬가지로 흑인도 이런 권리들을 부여받았다고 굳게 믿습니다. 나는 여러 가지 면에서 백인과 흑인이 동등하지 않다고 주장하는 더글러스 후보의 의견을 이해합니다. 물론 그들은 우리와 피부색이 다르고 부여받은 지적 능력이 다를 수 있습니다. 그러나 그들도 자기가 노력한 만큼 빵을 먹을 권리에 있어서는 나와 동등하며, 더글러스 후보와도 동등하고, 살아 있는 어떤 사람들과도 동등합니다."

하지만 링컨은 상원의원 선거에서 큰 표 차로 낙선하고 만다.

▲ 링컨은 노예제도를 폐지하는 데 온 힘을 쏟았다.

노예제도를 찬성하는 대다수의 백인이 자신들의 이득권을 고수하기 위해 더글러스를 밀어주었기 때문이다. 하지만 여기에서 링컨은 전국적인 명성을 얻을 수 있는 결정적인 기회를 갖게 된다. 노예제도는 분명히 잘못된 악법이라는 사실에 대해 링컨은 연설하였고, 링컨이 말한 인간의 존엄성과 평등성이 수많은 유권자와 국민의 마음에 감동적으로 다가갔기 때문이었다.

미국의 수많은 언론에서 비록 상원의원에서 낙선은 했지만 그의 소신 있는 정치 철학을 부각하면서 차기 공화당 대통령 후보가 될 인물이라며 전국적으로 그를 알려주는 기사가 여기저기서 터져 나오기 시작했고 전국 각지에서도 격려가 쏟아지기 시작했다. 하루아침에 일약 미 정계의 스타가 되어버린 것이다. 언론에서 인터뷰 요청이 물밀듯이 밀려왔다. 끝내 링컨은 1860년 11월 6일 민주당 후보를 상대로 압도적인 표 차이로 대통령에 당선되는 감격을 누리게 된다.

그 당시 미국 남부 지역에서는 흑인 노예들이 짐승처럼 취급되었다. 그것이 어느 정도로 심했느냐 하면 백인 여성들이 흑인 앞에서는 전혀 부끄러워하지 않고 속옷을 갈아입었다고 한다. 왜 그랬을까? 흑인을 짐승으로 보았기 때문이다. 그런데 그처럼 짐승으로 취급받던 흑인 노예들을 해방시키기 위하여 링컨은 엄청난 희생을 각오하며 싸웠다. 이 얼마나 대단하고 위대한 일인가. 같은 백인이면서 링컨은 흑인을 노예로 삼아 짐승처럼 취급하는 백인들에게 참을 수 없는 분노를 느꼈을 것이다. 그의 가슴속에 맺힌 충격과 큰 의분의 결심이 그의 마음속에서 노예해방을 향한 하나의 확고한 사명감으로 바뀌어버린 것이다. 그리고 마침내 노예해방을 위하여 백인들끼리의 전쟁을 불사한 것이다. 링컨은 정의가 무엇인지, 인간의 존엄이 무엇인지 아는 멋지고 훌륭한 사람이었다. 그야말로 진정한 노예들의 아버지가 되었던 것이다.

노예해방을 위한 법률을 제정하고 마침내 전쟁을 하지 않으면 안 되는 상황으로 치달을 때까지 링컨이 겪었던 고뇌와 진통은 이루 말로 다 표현할 수 없을 것이다. 남북전쟁의 위기를 넘긴 링컨은 결국 1865년의 헌법 수정으로 결국 그것이 모든 노예해방의 기초가 되게 하였다.

당시 미국 인구의 8분의 1이나 되는 400만 명의 흑인 노예들은 링컨이 그토록 원했던 대로 백인들의 족쇄에서 풀려나 마음껏 숨을 쉬며 살아갈 수 있는 자유인이 되었으며, 자신의 재산을 소유할 수 있는 권리까지 갖게 되었다. 그리고 그날부터 미국을 자신의 조국으로 생각하며 살아갈 수 있게 되었던 것이다.

우리 모든 인간은 평등하다는 기본 정신을 일깨워준 링컨, 그는 노예의 인권을 위해 정치적 승부수를 두었고 기어코 노예제도 폐지를 이끌어낸, 국민의 인권을 위한 진정한 자유민주주의 대통령이었다. 사랑하는 자신의 나라, 그 나라가 평등한 국가가 되도록 하기 위해 링컨은 자신을 던졌고 분명 그랬기에 세계 역사에 위대한 족적을 남긴 인물이 될 수 있었을 것이다. 대한민국에도 링컨처럼 국민의 인권을 위하여 기꺼이 자신의 인생을 바칠 만큼 나라를 사랑하는, 그리고 진정으로 자유민주주의를 추구하는 대통령이 나오길 기대한다.

탁월한
경제 대통령

만약 영국으로부터 철도 레일을 사오면
우리는 철도 레일을 얻지만 돈을 잃습니다.
하지만 우리가 직접 철도 레일을 만들면
철도 레일도 얻고 우리의 돈도 지킬 수 있습니다.

– 링컨

미국의 남북전쟁이 미국 자국뿐 아니라 세계 역사에 끼친 영향
은 매우 크고도 깊었다. 물론 그처럼 지대한 영향을 미치도록 만
든 인물은 역시 대통령 링컨이었다. 사실 남북전쟁 전까지만 하더
라도 미국은 거의 유럽에만 의존하는 농업경제에서 탈피하지 못

한 상황이었다. 하지만 남북전쟁에서 북부가 승리를 거두면서 연방의 유지가 가능해졌고 이로써 미국은 유럽에 의존하는 농업경제에서 벗어나 선진 공업국가로서의 발판을 마련하며 세계 최강국의 자리에 올라설 수 있었다. 그 경제적인 산업화의 시작을 링컨이 주도했다는 사실이다. 앞에서도 언급했듯이 남북전쟁은 남부와 북부 간 지역 분열과 노예제도를 둘러싼 이념 및 정치 노선의 분열이기도 했지만, 근본적으로는 산업화된 북부와 농업 중심의 남부 간의 경제적 전환을 둘러싼 분열과 투쟁이었다.

그런데 일각에서는 링컨이 초기 건국자들의 민주주의 이념을 추구하기보다는 연방독재체제를 확립하려 했으며, 자유무역 대신 보호무역을 시도하여 오히려 미국의 경제를 힘들게 했다고 지적하는데, 사실은 그렇지가 않다. 원래 링컨은 정치를 시작할 때부터 농업을 탈피하여 철도와 운하 등의 대규모 물류 시스템 확충과 자국 내 핵심 산업에 대한 경제적, 정책적 지원 등 자국 산업에 대한 보호주의 및 중상주의적 입장을 견지했다. 그래서 링컨은 여러 가지 경제 정책 중 보호무역이나 미국 최초로 정부 보증 법정화폐 발행, 그리고 통화팽창 등에 대해 주저하지 않았던 것이다. 단지, 링컨이 구상하고 있던 정부 시책에 남부의 독립적인 주들이 자유무역을 주장하면서 중앙정부에 저항했을 뿐이다.

링컨의 입장에서는 그 당시로서는 연방체제의 질서를 구축하고 세계적인 선진 공업국가로 발전하기 위해서는 그것이 최선의 길이라고 판단했다. 또한 건국자들의 뜻을 본받아 매우 제한적이었고 고도로 분립, 분권화되어 있던 미국의 정부 형태를 집중화하여 적극적인 정부로 바꾸기 위해서는 그러한 방법들을 선택할 수밖에 없었던 것이다. 실제로 얼마 지나지 않아 제2차 세계대전 후에 미국의 주도하에 세계 강대국들은 개방과 자유를 원칙으로 하는 자유주의 경제 질서를 구축하기 위해 보호무역주의의 막을 서서히 올리기 시작했다. 그런 의미에서 볼 때 사실 링컨은 남북전쟁으로 남부와 북부 간 경제적 모순을 해소하고 미국 대륙을 단일한 경제권으로 통합하여 미국이 산업화에 기반을 둔 세계 최강대국으로 발돋움할 계기를 마련했던 것이다. 한마디로 그는 경제 대통령으로서 탁월한 능력을 가지고 있었던 준비된 대통령이었다.

그가 얼마나 준비된 경제 대통령이었는지 그 속을 한번 들여다보자. 링컨이 대통령에 당선되기 4년 전이던 1857년, 미국에서 영업 중이던 영국계 대형 보험회사의 파산을 시작으로 미국 철도사업에 집중 투자했던 금융자본들이 파산하는 사태가 여기저기서 잇달아 터지기 시작했다. 설상가상으로 그 당시 SS센트럴 아메리카호가 무려 21톤의 금괴와 금화를 싣고 가다가 카리브해에서 허리케인을 만나 배가 침몰하면서 미국 금융시장에 일대 공포가 엄습했다. 인류 최초의 국제적 공황에 직면해 있던 미국 경제는 이 배의 침몰로 상황이 더욱더 악화되었다. 금융대란에 대응할 자금

이 바다 밑으로 나 사라져버렸기 때문이다.

그 후에 대통령이 된 링컨은 금본위제하에서 금이 부족했던 고도의 위험을 해결하기 위해 미국 역사상 처음으로 미국 정부가 보증하는 법정화폐인 그린백Greenback 4억 5천만 달러를 발행하여 정상적으로 유통시키는 데 성공했다. 링컨은 재무부가 그 일을 전적으로 담당하도록 상당한 권한을 부여했다. 결국 그린백 4억 5천만 달러는 미국 내 시장에서 금을 대체하면서 자금 사정을 순식간에 호전시켰다. 여기에 부분지급준비금제도를 통한 은행의 화폐 창출 작업이 더해지면서 시중에 돈이 급격하게 풀리도록 유도했다. 결국 그렇게 풀려나온 돈들은 군수산업이나 철도, 공업이나 도로 산업 등 산업화 쪽으로 흘러 들어가면서 북부의 전쟁 승리 그리고 전쟁 중 경제공황이라는 이중, 삼중으로 파행할 수밖에 없었던 복합적 위기를 성공적으로 극복하는 데 지대한 공헌을 했다.

그 후에도 링컨은 미국이 전쟁 전후 경제적인 어려움에 봉착할 때마다 단기적인 처방에서부터 중장기 전략 방안까지 아주 다양한 경제 정책을 내놓았다. 실제로 그 당시 미국이 전례 없던 세계공황을 만든 것은 무리한 신용 대출 때문이었다. 어쩌면 오늘날 대한민국과 비슷하다고 볼 수 있다. 제로 금리 시대에 부동산에 대한 부분별한 대출과 투기가 언제 공황으로 야기될지 한치 앞을 내다볼 수 없는 지금의 대한민국 상황과 비슷했던 것이다.

이 충격으로 미국 국채의 절반과 뉴욕 증시에 상장된 최우량 철도 주식의 26%를 차지하고 있었던 영국계 자본이 대거 월가를 떠나면서 미국 금융 시스템에 궤멸적 위협이 가해지기 시작했다. 당시 영국은 미국 연방 국채의 46%와 주 채권의 58%, 그리고 미국 철도 채권의 26%를 갖고 있었다. 실로 어마어마한 자산이었다. 그러나 과도한 대출로 거품이 형성되자 영국 자본은 미국을 떠났고 미국 철도회사들은 부도를 맞으며 주식 폭락을 경험해야 했다. 미국발 금융위기는 독일과 프랑스, 오스트리아, 그리고 덴마크 등 스칸디나비아 국가들에까지 퍼지면서 세계적 경제공황 조짐으로까지 번져나갔던 것이다. 그리고 설상가상으로 때마침 크림전쟁을 끝낸 러시아가 곡물 수출을 재개함에 따라 유럽 식료품 가격이 급락하기 시작했으며 곧이어 철도 부지 주변의 부동산 가격이 폭락하면서 소비가 얼어붙기 시작했다. 그리하여 결국 생산 격감 등의 악순환에 빠지게 되었으며 당연히 실업자는 급증하기 시작했다. 그해 마지막 3개월 동안에만 전 세계적으로 덩치 큰 135개의 은행이 파산했다. 4200만 달러의 자본이 순식간에 허공에 사라져버렸다.

1857년의 공황은 미국에 엄청난 경제적 위기를 몰고 왔다. 그것은 미국뿐 아니라 인류가 동시에 경험한 최초의 세계적인 공황이었다. 지폐와 교환할 금이 태부족한 상황에서 전쟁의 위험성을 빌미 삼아 유럽 은행들은 이자만 평균 30%를 웃도는 고금리를 요구했다. 그리고 얼마 지나지 않아 1861년 남북진쟁까지 터지면서 링컨의 미국은 경제뿐 아니라 국가 안보 자체의 파국적 위기를 맞게 된다. 그러한 어려운 때에 링컨은 뛰어난 수완을 보이며 엄청난 성과를 남긴 대통령이었던 것은 결코 부인할 수 없는 사실이다.

사실 링컨이 워낙 정치적인 업적이 뛰어났기에 경제 분야에서의 업적이 덜 드러나는 부분도 있다고 말하는 일부 학자들도 있다. 또한 링컨이 미국 경제의 재편을 위해 정부의 힘을 강압적으로 사용했다고 평가절하하는 부분도 있지만, 역설적으로 정부의 힘을 강압적으로 사용한 게 도리어 큰 역할을 하게 된 것이다. 그러나 여기서 분명한 것은 물론 링컨이 경제 정책에 관한 한 이념적 속박으로부터 자유로웠던 점도 있었다고 하지만, 그 어려운 시대에 정부가 마땅히 감당해야 할 과제를 정확하게 인식하고 적확한 경제 정책 도입으로 문제 해결을 과감하게 시도했다는 점이다.

그렇다. 올바른 경제 정책이 한 국가의 성장에 결정적인 역할을 한다. 한 나라가 번영하고 국민이 편안하고 안정된 생활을 하기 위해서는 대통령이 올바른 경제 정책을 선택할 수 있도록 정치 경제를 제대로 가꾸어나갈 줄 알아야 한다. 이런 대통령이 반드시 대한민국에도 탄생되어야 할 것이다. 인기 경합에 의해서 나오는 대통령이 아니라 경제를 꿰뚫어 볼 줄 아는 대통령 말이다. 오늘날 한국 사회에 출현하는 경제 정책들이 더 이상 일부의 기득권과 그릇된 욕망과 야심, 이데올로기와 설익은 이론 따위에 경도되어서는 안 될 것이다.

미국을
통일시키다

만약 우리의 자유를 잃고 흔들린다면
우리는 우리 스스로를 파괴하며 무너질 것이다.

– 링컨

앞서 말한 것처럼 노예들을 해방시켜야 한다는 링컨의 신념은 강했다. 노예해방에 대해 링컨은 그 누구보다도 강한 마음을 가지고 있었다. 하지만 실제 남북전쟁을 일으킨 장본인은 아니었다. 전쟁은 한마디로 기득권자들의 횡포에서 비롯된 내전에서 시작되었다. 대통령에 당선된 지 수일 만에 남북전쟁이 터져버렸고 최고 사령관인 대통령으로서 어쩔 수 없이 진두지휘를 하면서 부딪쳐

나가야만 했다. 그리고 그 전쟁을 무조건 미합중국의 승리로 이끌어내야만 했다. 물론 전쟁에 승리하고 노예를 해방시키게 되어 링컨의 업적이 위대하게 된 것은 사실이지만, 그것 못지않게 중요한 것은 전쟁 이후의 수습 과정이었다. 남과 북을 하나로 만들어나가는 일과 백인과 흑인으로 분열되었던 미국을 하나의 미합중국으로 이루어나가는 통일의 문제가 아주 중요했던 것이다. 물론 그는 처음부터 미연방 탈퇴 움직임 저지에 혼신을 기울인 대통령 당선자였다. 하지만 기어이 그들은 남부연합을 결성하며 공식적으로 미연방에서 탈퇴했다. 그때 기자들이 물었다.

"만약 미연방을 탈퇴하고 떠난 남부인들이 전쟁에서 패한다면 어떻게 할 건가요?"

기자들이 기다린 것은 무차별 보복할 것이라는 보편적이고 적의에 찬 대답이었다. 하지만 당시 대통령 당선자였던 링컨의 대답은 더없이 온화했다.

"나는 그들을 단 한 번도 집을 나간 적이 없었던 형제들처럼 따뜻하게 대해줄 것입니다."

우리의 목적은 미연방이 통일하도록 하여 함께 부강한 미국을 만들어나가는 것이지 복수하거나 어떤 대가를 치르도록 하는 게 아니라는 것이었다. 그들이 미연방으로부터 탈퇴를 하고 막 당선된 링컨을 궁시로 몰아넣고 먼저 공격을 감행했으니 공화당 내 급진주의자들은 남부 지역을 초토화해야 한다고 대대적인 성토를 했다. 그때마다 링컨은 지금은 하나의 통일된 국가를 만드는 것이 더 중요하다며 끝까지 그들을 설득했다. 오히려 전쟁과 분열을 싫어한 링컨이었다. 탈퇴하고 떠난 남부가 복귀하기를 끝까지 인내하며 기다렸던 것이다. 이처럼 오직 그의 마음은 국민을 지향할 뿐이었다. 그의 대통령 취임 연설에서 보면 미합중국이 하나가 되기를 얼마나 갈망했는지 알 수 있다.

"이제 공화당이 집권하게 되었습니다. 하지만 지금 남부 주민들은 자신들의 재산과 평화 그리고 개인적 안전이 위험에 처할 것이라는 두려움을 가지고 있는 것 같습니다. 하지만 그것은 합당한 근거가 없는 두려움일 뿐입니다.

우리는 적이 아니라 친구입니다. 결코 우리는 서로의 적이 되어서는 안 됩니다. 비록 지금은 감정이 상했다 할지라도 그 상한 감정 때문에 우리의 믿음과 사랑 그리고 신뢰의 관계를 끊어서는 안 됩니다. 그렇게 할 때에 이 광활한 미국 땅에 선량한 천사의 손길이 반드시 다시 와 닿을 것이며 미합중국의 합창은 영원히 울려 퍼질 것입니다."

전쟁 중에는 국가 금식기도일까지 선포하며 미국을 하나로 만들자고 수차례 국민을 향해 호소하였다. 전쟁 후에는 남부 재건 계획을 마련하고 전쟁으로 황폐해진 남부 지역 개발에 모든 것을 집중했다. 동족 간에 피비린내 나는 참혹한 전쟁이 계속되는 동안에도 결코 미합중국은 분리되어서는 안 된다며 국민을 향해 끊임없이 호소했다. 남북 전쟁이 끝났을 때에도 다음과 같이 부르짖었다.

"이 전쟁은 북군의 승리도, 남군의 승리도 아닙니다. 노예제도는 하나님의 시선으로 바라볼 때에 범죄 행위이며 그 범죄 행위가 지속되었기에 이를 제거하기 위해 형벌로 남과 북 양쪽 모두에게 끔찍한 전쟁을 주신 것입니다. 이제는 확고한 신념으로 이 모든 전쟁의 상처를 빨리 끝내고 우리 모두가 하나가 되어야 합니다."

감동의 연설이었다. 링컨은 "남군에 대한 어떠한 복수나 차별, 학대도 없을 것"이라고 다시 한 번 강조했다. 그리고 미합중국으로 되돌아오는 자신의 옛 정치 동료들을 두 팔 벌려 환영해주었다. 이러한 감동은 순식간에 북군에 전달되었으며 전쟁의 상처는 급속도로 치유되었다. 위대한 미합중국은 그렇게 탄생되었던 것이다. 전쟁 후 그는 보복이 아닌 용서로 모든 것을 마무리하려고 했다. 그중 가장 큰 이슈는 전쟁이 끝난 후 체포된 남부연합의 데이비스 대통령에 대한 것이었다. 그는 1865년 5월 10일 새벽, 조지아주 어윈빌에서 포로로 잡혔다. 그때 그를 공개 교수형에 처해 죽여야 한다는 목소리가 여기저기서 빗발치고 있었다. 한 나라에 두 명의 대통령이 존재하게 해서 나라를 더욱더 혼란에 빠뜨리게 만들었던 남군의 제퍼슨 데이비스 대통령은 분명 역적이었다. 하지만 링컨은 이제 데이비스도 우리의 한 형제라면서 끝까지 용서하고 그를 감싸주었다. 그리고 버지니아주 포트 먼로에 있는 습기 찬 감옥에 수감되어 있던 그를 1868년 일부러 12월 25일 크리스마스 날을 기하여 석방해주었다. 그가 얼마나 용서의 달인이며 통일과 재건을 위해 힘을 쏟아부었는지 알 수 있다.

그리고 전시 중 대통령의 요청마저 거부하고 오히려 남군의 총사령관이 되어 링컨을 향해 총부리를 겨누었던 로버트 리 장군도 잠깐 감옥 생활을 하기는 했지만 어떠한 처벌도 내리지 못하도록 명령했다. 오히려 패배를 깨끗이 인정하고, 사랑하는 부하들, 남부 병사들에게 더 이상 게릴라전을 하지 말고 투항하라고 호소하였던 로버트 리 장군에게 영웅 대접을 해주며 미국 역사상 굴지의 명장으로 명성을 드높여주었다. 전쟁 후에 석방된 그가 1865년 10월 2일 버지니아주 워싱턴 칼리지(현재의 워싱턴 앤드 리 대학교) 총장에 취임토록 해주었다. 로버트 리는 후에 테네시주 멤피스에서 보험회사 사장이 되었으며 전쟁으로 황폐화된 남부의 복구를 위해 누구보다 열심히 노력하면서 인재 육성에 전력을 다했다. 조지아주 애틀랜타 근교의 스톤 마운틴 파크에는 로버트 리 장군을 포함한 남부 장군들의 거대한 부조가 새겨져 있다. 이러한 것들을 통하여 링컨이 얼마나 미합중국이 하나가 되는 것을 갈망했는지 우리는 잘 알 수 있다. 물론 통합 리더십의 달인으로서 이러한 수많은 어려운 결정을 하는 데 있어서 인간적인 갈등도 있고 내면적으로는 엄청난 고통의 무게가 있었을 것이다. 하지만 링컨은 끝까지 복수의 칼을 갈지 않았다. 오히려 용서와 화해로 맞섰다. 자신의 심리적인 고통에 굴하지 않고 나라를 사랑하는 신념 하나로 갈등을 해소하고 분열을 극복하는 통합의 리더십으로 시대적 과제를 이루어내고자 눈앞에 닥친 모든 어려움을 지혜롭게 극복해나갔다. 국가의 위기를 극복하는 진정한 실용주의 리더십과 통합과 포용의 리더십을 보여주었던 것이다.

그랬다. 링컨은 가히 통합 리더십의 달인이었다. 수많은 급진주의자의 비판에도 불구하고 링컨은 오직 하나, 남부 지역의 재건과 하나의 미합중국 곧 통일을 위하여 북부와 남부가 손잡고 하나가 되도록 일일이 그들을 찾아가 설득했다. 에이브러햄 링컨, 그는 진정한 미국의 통일 대통령이었던 것이다. 그 어려운 4년의 임기를 마친 링컨은 재선에 성공한 후 재임 연설을 통해서도 그가 남부의 형제들을 얼마나 사랑으로 감싸며 통일 미국을 위한 열망을 강하게 호소했는지 모른다.

"우리 모두는 끔찍했던 전쟁의 재난에서 하루속히 회복되기를

위해 기도해야 합니다. 이제는 우리 모두가 그 누구에게도 원한이나 미움의 마음을 품지 말고 어려운 자들에게 먼저 자비를 베풀며 하나님께서 우리에게 주신 정의를 굳게 믿고 우리에게 맡겨주신 일들을 완수하도록 노력해야 합니다. 그 사명을 완수하기 위하여 우리는 평화를 만들어나가야 할 것입니다."

링컨의 포용력은 그와 대립했던 남부의 적대 세력에게까지 일관되게 적용되었다. 과거가 현재의 발목을 잡아서는 안 되며, 이제는 무조건 국민과 인류의 행복을 위해 미래로 나아가야 한다고 호소했다. 그리고 적과의 공통점을 찾고 통합하기 위해 뚜렷한 목표를 향해 전진했다. 큰 것을 위해서 작은 것은 양보했다. 신념은 지키되 통합을 중시했던 것이다.

링컨의 진정성 있는 호소와 노력이 두려움에 굳게 닫혀 있던 남부 사람들의 마음을 열기까지는 그리 오랜 시간이 걸리지 않았다. 그리고 미연방이 화합의 기틀을 마련하는 데도 그렇게 긴 시간이 소요되지 않았다. 이러한 링컨의 포용하는 리더십은 전쟁 이후 남북의 화해와 사회 통합을 이룩하는 데 최고의 원동력이 되었다.

그는 연방이 분열되지 않도록 끝까지 최선을 다했다. 대통령으로서 스스로 낮은 자세를 취해 남부를 회유하고 설득했다. 어떠한 상황에서도 냉정함을 잃지 않고 정면 돌파하는가 하면, 견해가 다른 적과도 소통하기를 두려워하지 않고 적극적으로 토론과 설득에 나섰다. 전쟁이 끝난 뒤에도 남부의 빠른 복원을 위하는 마음에서 남부의 모든 지도자를 용서했고 의회의 수많은 반대를 무릅쓰고 남부가 다시 일어설 수 있도록 관용적이고 미래 지향적인 정책을 펼쳤다.

또한 그는 보수주의자부터 극단적 진보주의자까지 아우르며 적을 만들지 않았고 실용주의적 주장을 일관되게 펼치면서 그 정당성을 끊임없이 설득했다. 링컨은 그들이 스스로 성숙되기를 기다릴 줄 알았다. 특히 그 어려운 상황 속에서도 어떠한 함정에도 빠지지 않고 대익를 위해 넓은 이념의 스펙트럼을 지닌 중도정치를 표방했다. 분명 링컨은 용기 있는 결단력과 행동력 그리고 관용 및 인내의 리더십을 발휘하며 분열의 위기에서 대통합을 이끌어 낸 위대한 지도자였다.

링컨! 그는 대통령 당선 이후부터 여러 가지 손에 꼽히는 업적을 세웠지만 그중에서 가장 큰 업적이라면 역시 노예해방을 이루어낸 것과 분열된 미국을 하나의 국가로 통일시킨 것이다. 이러한 그의 업적은 미국이 산업혁명의 기틀을 마련하고 서부 개척을 활발히 시작하는 데 초석이 되었으며, 이러한 일들을 통하여 세계 최고로 부강한 나라의 기틀을 다지게 되었던 것이다. 그때부터 미국은 나라가 안정되기 시작하면서 짧은 역사라고는 믿어지지 않을 정도로 정치, 경제, 국방, 교육, 문화, 예술, 스포츠 등 사회 전반에 설쳐 세계 시장을 주름잡기 시작했다.

미국을 통일시킨 대통령 링컨! 한 불우한 소년이 성장하여 어떻게 세상을 바꿔놓았는지 우리는 본다. 그가 지니고 있던 신념과 철학 그리고 비전을 또한 본다. 바른 신념을 가진 올바른 정치인이 지닌 열정과 의지가 세상을 어디까지 바꿀 수 있는지 우리는 본다. 미국이 남과 북으로 갈려 첨예하게 대립되고 국론이 분열된 엄청난 위기 속에서 국가 통합의 틀이라 할 수 있는 연방제를 깨지 않고 유지해나갈 수 있었던 링컨. 그의 탁월한 리더십이 얼마나 위대한 업적을 낳았는지 우리는 똑똑하게 알 수 있다. 사실 링컨 이전까지의 미국은 그냥 느슨한 주State의 연합체 정도였다. 하지만 링컨이라는 위대한 한 대통령의 남북전쟁과 노예해방운동 그리고 미합중국의 통일의 과정을 거치면서 'These United States are'에서 'The United States is'의 단수의 국가로 바뀐 것이다. 링컨 아래, 미국이 하나가 된 것이다.

자칫 분열될 뻔했던 미국을 통합시킨 에이브러햄 대통령, 아마 링컨이 아니었다면 지금의 미국은 분열되어 올망졸망한 별 볼 일 없는 나라가 되었을 것이다. 아니, 만일 미국이 남북전쟁 수습에 실패해 결국 남북으로 나누어졌다면 미국의 운명은 물론 현대 세계사의 흐름도 분명히 달라졌을 것이다. 다른 누구도 아닌 통합의 리더십을 끝까지 발휘한 링컨이었기에 남북전쟁을 승리로 이끌어 미연방을 통일시키고 노예를 해방함으로써 미국 사회가 새롭게 발전하는 초석을 마련할 수 있었다. 그리고 이러한 링컨의 통합의 리더십이 미국과 세계 역사를 변화시켰다. 이제 우리 대한민국에도 진정 나라를 사랑하는 마음과 통합 리더십의 능력을 지닌 대통령이 나와서 극도로 분열되어 있는 나라를 하나로 통합할 수 있기를 간절히 바란다. 그 통합의 리더십은 정권이 바뀔 때마다 복수로 얼룩지는 정치가 아니라 포용하고 용서하여 하나가 되게 하는 정치문화를 만들어나가야 할 것이다.

큰 바위
얼굴

살아온 삶 동안의 세월이 중요한 것이 아니라

그 세월 동안 살아온 삶이 중요하다.

— 링컨

· 켄터키 변방에서 태어나 초등교육조차도 제대로 받지 못했으나 독학으로 변호사가 되었으며 변호사로서 자신의 이득을 쟁취하기 위해서가 아니라 정의를 위해 일한 선하고 정직한 마음의 소유자, 링컨

· 인간을 위한 사랑과 용기, 자유와 평등에 대한 확고한 믿음을 기본으로 한 '링컨 리더십'으로 남북전쟁에서 위대한 승리를 이끈 승리자 링컨

다시 링컨

- 평등한 국가를 위해 자신의 모든 것을 던질 수 있었던 노예들의 진정한 아버지, 에이브러햄 링컨

- 미 남부와 북부, 흑인과 백인으로 분열되었던 미국을 하나의 국가로 만들기 위해 생명을 바치며 노력했던 진정한 통합 리더십의 통일 대통령, 링컨

링컨이 남기고 간 크고 위대한 족적들이다. 역사에 길이길이 남는 그의 위대한 족적에 대해 러시아의 대문호 톨스토이는 이렇게 평가하였다.

"링컨은 위대한 해방자요, 인류 역사상 가장 위대한 성자, 작은 예수입니다. 링컨은 마치 예수 그리스도의 축소판이라고 할 수 있습니다. 이 세상에는 영웅과 위인이 많이 있었지만 단 한 사람을 꼽으라면 진정한 거인, 링컨밖에 없습니다.

그 이유는 명백합니다. 그는 자기를 미워하고 죽이려던 원수들까지도 용서하고 형제처럼 대하며 사랑의 손길을 내밀었기 때문입니다. 그리고 그러한 모든 상황까지도 감사하는 삶을 살았습니다.

내란으로 갈기갈기 찢어진 나라를 하나로 묶어낸 그는 통합의 리더십, 겸손의 리더십, 그리고 관용의 리더십을 지닌 위대한 성자로 기억될 것입니다.

그의 미소는 언제나 따사로운 햇살같이 빛났으며, 그의 행동과 결단은 바위처럼 단단했고, 그의 인품은 사랑과 관용으로 넘쳤습니다.

링컨, 그는 인류 역사상 가장 위대한 성자로 영원히 기억될 것입니다. 그리고 그에 대한 평가는 세월이 흐르면 흐를수록 더욱더 큰 빛을 발하게 될 것입니다."

산간벽지의 힘없는 한 무명 변호사였던 링컨은 열악한 정치 상황에서 쟁쟁한 세 명의 라이벌(윌리엄 슈어드, 새먼 체이스, 에드워드 베이츠)을 제치고 마침내 미합중국 대통령의 자리에 올랐다. 그리고 노예해방이라는 소중한 가치를 실현하며 오늘날까지 미국 국민의 전폭적인 사랑과 신뢰를 받는 위대한 정치 지도자가 되었다. 이것은 눈앞에 보이는 인기나 이익이 아니라 따뜻한 인간애 그리고 먼 미래를 내다보는 혜안이 있었기에 가능한 일이었다.

지금도 많은 사람이 링컨을 성자의 이미지로 거론할 정도로 그의 위대함을 높이 평가하기도 한다. 공교롭게도 예수가 십자가에 못 박힌 날을 기념하는 수난절에 저격당하여 그것이 이후 연방을 구하고 죽임을 당한 순교자의 이미지를 덤으로 얻게 된 계기도 되었지만, 링컨에 대한 이러한 평가를 보면 그가 얼마나 미국의 대중적 상상력을 자극하며 미국인들의 마음속에 강렬하게 자리하고 있는지 짐작할 수 있다. 링컨에 대한 숭배에 가까운 미국인들

▲ 링컨기념관에 있는 링컨 석상

의 존경심은 워싱턴 DC에 있는 링컨기념관Lincoln Memorial에 가보
면 쉽게 확인할 수 있다. 링컨이 죽은 지 50여 년 만인 1914년에
착공되어 1922년 워런 하딩 대통령에 의해 봉헌된 링컨기념관에
는 미국인들이 얼마나 그를 존경하며 경외의 대상으로 여기고 있
는지, 건물의 입구에서부터 압도당하게 된다. 가장 먼저 눈에 들
어오는 것은 기념관 전체가 흰색으로 칠해져 있다는 점과 그리스
신전 양식을 연상시킨다는 점이다. 지금도 하루에 수만 명의 관광
객이 전 세계 각지로부터 찾아와 링컨의 생전 모습들을 보며 그의

고귀한 꿈과 이상을 기리고 있다.

온통 순백의 장엄한 건물 앞에 자리 잡고 있는 거대한 링컨 석상 앞에 서 있으면 관람객들은 흠 없이 순수한 삶을 살다 간 성자를 마주하고 있다는 느낌에 젖으며 절로 고개가 숙여진다. 이 거대한 석상은 28개의 대리석으로 이루어진 것으로 무려 4년 동안이나 깎아서 조각한 작품이다. 높이는 5미터 정도 되며 양쪽 팔을 거대한 의자 위에 편안히 얹어놓고 있는 모습인데, 친근한 대통령의 얼굴을 바라볼 수 있도록 하면서도 엄숙한 분위기를 자아낸다. 여기에 멀리 정면에 우뚝 서 있는 국부國父 워싱턴 기념탑 Washington Monument의 위용과 그것을 응시하는 링컨 좌상의 위용에 자극된 숭엄한 감정이 보태지면서 성자 이미지의 대통령에 대한 관람객의 외경심은 한층 고조된다. 그리고 링컨의 석상 좌우로 펼쳐진 대리석 벽에는 그 유명한 게티즈버그 연설문과 그의 재선 취임 연설문이 새겨져 있다. 그리고 링컨기념관 내의 링컨 좌상 뒤 벽면에는 "이 기념관(성전)은 미연방을 구해낸 링컨을 사람들의 가슴속에 영원히 기억하게 할 것입니다"라는 문구가 새겨져 있다.

그리고 '큰 바위 얼굴'이 그가 얼마나 위대한 대통령의 족적을 남긴 인물인지를 잘 보여주고 있다. 미국 중서부 대평원의 사우스다코타주에 있는 러시모어산 암벽에는 미국의 가장 위대한 대통령으로 꼽히는 네 명의 거대한 흉상 화강암벽이 있다. 미국 역

▲ 러시모어산 암벽에 새겨져 있는 링컨의 얼굴

사상 가장 훌륭했던 네 명의 대통령인 조지 워싱턴, 토머스 제퍼슨, 시오도어 루스벨트 그리고 에이브러햄 링컨의 얼굴이 새겨져 있다. 이 조각상은 이집트의 피라미드보다도 크다. 코 하나 길이만 6미터에 얼굴 길이만 해도 무려 20미터로 5층 건물 높이이다. 1927년 조각가 거즌 보글럼Gutzon Borglum이 돌을 깨기 시작해 완공하기까지 무려 14년이 걸렸다. 그 당시 누구의 얼굴을 새길 것이냐를 놓고 고민할 때도 연방 유지와 노예해방을 이룬 링컨의 입지는 확고했었다. '큰 바위 얼굴'에 새겨진 고금의 위대한 얼굴들은 우리의 삶을 바르고 위대하게 만들어나갈 것이다.

링컨에 대한 이러한 숭경심崇敬心은 과연 무엇이겠는가. 켄터키 변방에서 태어나 초등교육도 제대로 받지 못했으나 무학력으로 변호사가 되고, 숱한 역경과 실패를 딛고, 동부의 쟁쟁한 정객들을 물리치고 마침내 권좌에 오른 입지전적 인물, 링컨. 그를 기념하고자 하는 모든 것은 미합중국의 자유와 연합을 위해 목숨을 바친 링컨의 탁월한 업적과 그의 위대한 족적에 대한 국민들의 존경심과 사랑의 표시인 것이다.

에이브러햄 링컨 대통령, 우리는 그의 위대한 업적과 그가 남겨준 족적들을 살펴보았다. 하지만 우리가 그의 발자취를 따라가기에는 모든 것이 너무나 버겁기만 하다. 물론 우리가 링컨이 될 수는 없다. 하지만 링컨의 삶을 따라갈 수는 있을 것이다. 이제 우리가 남겨야 할 족적은 무엇이며 족적을 남기는 삶이란 무엇인가? 먼저 사람이 사람답게 살아가는 것이다. 그래서 가치 있는 흔적을 많이 남기는 것이다. 아내의 좋은 남편이 되는 것도, 현명한 아내가 되는 것도 멋진 족적을 남기는 일이다. 아이들에게 좋은 부모, 지혜로운 부모가 되는 것도 가치 있는 흔적을 남기는 일이다. 그런가 하면 지금 자신이 일하는 곳에서 최선을 다하는 것 또한 사회인으로서 아름다운 흔적을 남기는 일이다. 대한민국, 나의 조국을 위해서 미약하나마 보탬이 되는 것도, 불쌍하고 소외된 자들을 섬기는 것도 아름다운 족적을 남기는 일이다.

어느 곳에서 무엇을 하든지 내 삶의 향기 즉 바른 행동을 일으키는 올곧은 가치관들이 풍성하게 나타나게 하는 것이다. 그래서 가치 있는 흔적을 많이 남기는 것이다. 우리 인생은 기나긴 시간 가운데서 이루어지는 것이 아니다. 우리 삶은 바로 가치관으로 결정되는 것이다. 마치 색깔 없이 떨어지는 낙엽처럼, 아무것 하나 남기지 못하고 쓸쓸히 떠나가는 인생이 되지 않기 위해서는 향기 있는 삶, 가치 있는 삶을 바로 지금 살아야 한다.

더 이상 우리는 자신을 드러내고 과시하는, 다시 말해 자기만의 꽃을 피우는 인생을 위하여 투쟁하며 살아가서는 안 된다. 인간은 단순히 먹고 마시는 일에 초점을 맞추는 존재가 아닌, 자신의 가치관에 초점을 맞추며 살아가는 존재이다. 삶은 생각한 대로 흘러가는 것이기 때문이다. 그러므로 우리 인간에게는 삶의 지향점이 있어야 한다. 그 지향점이란 무엇이겠는가. 바로 삶의 보람을 통해서 나의 가치를 만들어나가는 것이다. 그것이 바로 삶에 대한 올바른 자세인 것이다. 링컨처럼 말이다.

앞으로 얼마간의 세월을 더 살 수 있을까? 그리고 그 시간들을 얼마나 더 사용할 수 있을까? 그저 스쳐가는 한 줄기의 바람 같은 삶이 아니라 더 많은 열매를 맺는 삶, 아름다운 흔적을 남기고 가는 삶을 우리는 살아야 할 것이다.

한 사람의 죽음의 자리가 축복의 자리가 될 수도 있고, 흔적 없이 사라지는 자리가 될 수도 있다. 비록 링컨의 위대한 족적까지는 이루지 못한다 할지라도 내가 살아왔던 증거로 자신의 발자취를 감동적으로 남기는 그런 삶을 살기를 바란다. 그럴 때 내가 살고 갔던 자리에 존재적 의미가 나타날 것이며 내가 떠났던 그 자리가 슬픔의 자리가 아니라 축복의 자리가 될 것이다. 이제 우리도 링컨처럼 아름다운 흔적을 남기기 위해 노력하는 대통령을 만날 때가 되었다.

6부

링컨처럼
성공하라

조금 늦어도
괜찮다

나는 천천히 걸어가는 사람입니다.

그러나 결코 뒤로 가지는 않습니다.

– 링컨

1859년 8월 14일, 링컨은 공화당 대통령 후보로 아이오와주 카운실블러프스의 퍼시픽하우스 호텔 앞에서 연설을 한 후 곧바로 한 사람을 만나게 된다. 28세의 백인 청년이었다. 링컨의 수행원이 철도에 관해서는 박식한 전문가라며 소개해주었기 때문이다. 그렌벨 닷지라는 이름의 젊은 철도 기관사는 자신이 지지하고 존경하는 링컨 대통령 후보로부터 단도직입적인 질문을 받는다.

"닷지, 미국 횡단철도가 동부에서 서부로 가려면 어느 길로 가는 것이 가장 바람직하다고 생각하는가?"

사실 링컨은 변호사 시절 때 철도 관련 변호사 일도 했었기 때문에 철도에 관해서는 상당한 전문가 수준이었다. 그래서 링컨은 철도가 신생국 아메리카를 세우는 가장 튼튼한 기초가 될 것이라는 확신을 늘 갖고 있었으며 철도와 관련된 일이라면 그게 뭐든 주저하지 않았다. 이런 링컨이 대통령 선거 유세 도중에 최고의 철도 기관사를 만나게 되자 대륙횡단철도라는 자신의 꿈을 대놓고 드러낸 것이다. 그리고 선거의 이슈로도 부각할 예정이었다.

하지만 광활한 대륙 미국 땅(남한의 96배)에 철도를 놓는다는 것은 결코 쉬운 일이 아니었다. 환경과 조건, 노동력 그리고 기나긴 공사 기간 등 여러 가지 문제가 많았다. 하지만 더욱더 링컨을 어렵게 만든 것은 의회의 반대가 만만치 않았다는 점이다. 그나마 다행한 것은 이미 그 당시 미국의 철도 기술은 미 대륙횡단철도 건설에 도전해도 될 만큼 눈부시게 발전해 있었다는 점이었다.

아직도 사람들의 손길이 닿지 않은 광활한 서부를 개발하기 위해서는 철도야말로 꼭 필요한 교통수단이라고 생각한 링컨은 대통령에 당선된 지 거의 2년 만인 1862년 7월 1일에 이 거대한 사업에 착수한다. 아메리카를 횡단하는 2400킬로미터 길이의 선로를 놓는 작업이 동쪽과 서쪽 끝에서 링컨의 지시로 시작된다. 동부에서 철도망이 시작된다고 하자 사람들은 비로소 대륙의 서부 끝까지 도달하는 횡단철도를 보게 되겠구나 하는 꿈을 꾸었다. 하지만 정작 대륙횡단철도 계획이 발표되자 그 어마어마한 계획이 현실화될 것이라고 믿는 사람은 그리 많지 않았다. 그 이유는 과거에도 대륙횡단철도 계획이 수도 없이 정치적인 이슈로 등장했었기 때문이다. 그리고 실제로 지난 30년 동안 별 진전이 없었던 것도 그처럼 불신을 하게 된 이유 중에 하나였다.

그러나 조금 늦어도 괜찮다고 생각하는 링컨의 신념은 달랐다. 그에게는 모든 성공은 천천히 이루어진다는 확신이 있었다. 대륙횡단철도가 분열된 연방을 이어주는 초석이자 강력한 국가로 발전할 수 있는 디딤돌이 될 것임을 간파했던 링컨은 비록 그것이 엄청난 계획이었지만 반드시 실현해야겠다는 결단을 하여 강하게 밀어붙였던 것이다.

1869년 5월 10일, 드디어 철로가 완성되었다. 비록 링컨이 암살당한 지 4년이 지난 후에 개통되었지만 아메리카 대륙횡단열차 덕에 수많은 사람과 물건이 서부로 이동할 수 있었다. 이후로 노선이 추가되면서 미국은 하루가 다르게 발전할 수 있었다. 미국은 철도 종주국인 영국 전체 노선의 세 배를 넘어 세계에서 최고의 운행 길이를 갖는 철도의 나라로 탈바꿈하게 되었다. 조금 늦어도 괜찮다는 링컨의 변함없는 지론이 미국 철도 역사의 부흥에 한 획을 긋게 된 것이다.

링컨은 다음과 같이 말했다.

"만약 나에게 8시간 동안 나무를 벨 시간이 주어진다면 나는 그 중 6시간은 도끼를 가는 데 쓸 것이다."

그렇다. 대부분의 사람들은 6시간씩이나 도끼를 갈지 못한다. 왜 그럴까? 조급해서 그렇다. 조금 늦어도 괜찮다는 철학을 몰라서 그렇다. 우리는 살아가면서 속도라는 허망에서 벗어나야 한다. 조금 늦는 것은 큰 문제가 되지 않는다. 방향만 잘 정해져 있다면 속도는 크게 중요하지 않다는 것이다.

중요한 것은 조금 늦더라도 지금 내가 올바른 방향으로 나아가고 있느냐는 것이다. 인생은 속도가 아니다. 방향이다. 특히 우리 30대, 40대 대부분의 사람들은 친구나 동료보다 늦게 성공하고 출세하는 것에 상당히 불안해하고 초조해한다. 남보다 더 빨리 더 많은 것을 차지해야 성공한 것이라는 강박감이 있다. 빠르게 일류가 되어야만 한다고 생각하는 것이다. 중도 탈락하거나 혹은 그 정도가 아니라 단지 조금만 늦어도 불량품으로 취급받을까 봐 염려하며 노심초사하다 보니 차분하게 계속하여 일에 집중하지 못하기도 한다. 우리 인생은 100미터 달리기가 아닌, 긴 마라톤과 같다. 삶의 방향이 분명하지 않다면 어떻게 되겠는가. 삶 전체가 불안해지고, 결국 인생에서 행하는 모든 것이 문제투성이가 되어 버린다.

인생을 살아가면서 제일 문제가 되는 사람이 바로 인생을 한 방에 끝내려고 하는 자다. 인생은 한 방이 아니다. 좀 느리긴 하지만 매일매일의 작은 일 하나하나가 충실히 쌓여 이루어지는 것이 인생이다. 백사장에서 느릿느릿 기어가는 거북이를 보면 저런 속도로 어느 세월에 목적지에 다다를까 생각하게 된다. 우리 인간의 눈으로는 거북이가 기어가는 속도를 보면 참으로 답답하기 그지없다. 하지만 자연 안에서 보면 거북이는 느릿느릿 가는 것이 합당하다. 거북이는 그 합당한 속도로 토끼를 이긴다. 기적은 천천히 이루어지는 것이다. 링컨의 모든 업적도 결코 하루아침에 이루어진 것은 하나도 없었다.

레이 크록Ray Kroc이라는 사람이 있다. 그는 맥도널드의 실질적인 창업자이다. 그는 고등학교 중퇴 후 재즈 피아니스트로 전향했으나 그만두었다. 다시 종이컵 회사의 세일즈맨으로 취업했으나 그 역시 오래지 않아 그만두게 되었다. 시카고에 있는 WGES라는 작은 라디오 방송국의 음악감독으로 1년 반 일하고 또다시 그만두었다. 그는 다시금 플로리다에서 부동산 일을 시작한다. 그러나 1926년 말 부동산 붐이 꺼짐과 동시에 빈털터리가 되고 만다. 회사에서 다시 연락이 왔다. 종이컵 회사의 세일즈맨으로 복귀해서 중서부 지역의 판매책임자까지 오르게 된다. 하지만 또 오래가질 못한다.

나이가 점점 들어가면서 아무것도 이룬 것이 없다고 느낀 어느 날, 시시히 마음이 급해지기 시작했다. 하지만 행동만큼은 급하게 하지 않기로 다짐했다. 조금 늦어도 괜찮다는 것이 그의 신조였기 때문이다. 조급함은 자신의 꿈을 망치는 가장 큰 적임을 알았던 그는 꿈에 대한 확신만 있다면 그 꿈은 가장 적합한 시기에 이루어진다는 믿음이 있었다. 그리고 얼마 후 그는 한 번에 다섯 개의 밀크셰이크를 만드는 '멀티믹서'의 판매권을 취득한 후 다시금 밑바닥에서부터 20년 동안 전국의 음료수 가게와 우유판매점을 돌아다니면서 일했다. 하지만 그는 그 20년이 지나는 동안 단한 번도 자신이 성공하지 못한 것을 놓고 자책하지 않았다. 거북이처럼 늦어도 언젠가는 목적지에 갈 수 있을 것이라는 공간의 법칙에 대한 신념이 있었기 때문이다.

그러던 어느 날, 레이 크록은 캘리포니아 인근 샌버나디노의 한 작은 드라이브인 레스토랑이 햄버거와 밀크셰이크를 사려는 손님들로 넘쳐나 밤늦게까지 문전성시를 이루는 것을 보게 된다. 그는 특유의 사업 감각으로 그 레스토랑 주인 맥도널드 형제에게 새로운 가게를 열게 해주면 총 판매액의 0.5%를 지불하겠다고 제안했다. 당연히 맥도널드 형제는 그 제안을 받아들였다. 레이 크록은 1955년 시카고 인근에 있는 데스플레인이라는 교외 지역에 메뉴, 매장 구조, 운영 방식, 심지어 맥도널드 영문 M아치의 황금색 로고와 주인 형제의 이름을 고스란히 딴 가게를 오픈한다. 그 식당이 바로 맥도널드 1호점이다. 믹서기 판매권을 들고 세일즈 일을 하던 레이 크록이 맥도널드의 실질적인 창업자가 된 것이다. 그때 그의 나이 53세였다. 이후 4년 만에 가게는 938개로 늘어났고 그 당시 1959년도에 1억 7천만 달러(2천억 원)의 매출을 올린다. 53세라는 적지 않은 나이에 세계 햄버거 제국을 건설한 것이다. 지금은 전 세계에 무려 3만 8천 개의 매장이 있다. 다가온 좋은 기회를 잡은 그가 어찌 보면 하루아침에 성공한 것처럼 보일 수도 있을 것이다. 그러나 그 아침을 맞이하기 전까지 그는 30년이라는 길고 긴 밤을 보냈다. '조금 늦어도 괜찮다'는 그의 지론 덕분이다.

누구에게나 소망이 있다. 하지만 대부분의 소망은 천천히 이루어진다. 뜻밖의 기적처럼 하루아침에 이루어지지 않는다. 목표를 향해 천천히 가더라도 꾸준히 하고 또 포기만 하지 않는다면 언젠가는 내가 그토록 원하고 뜻했던 목표에 도달할 수 있다. 미켈란젤로는 60대의 나이에 6년에 걸쳐 세계 최고의 걸작품 〈천지창조〉를 완성했다. 늦어도 괜찮다. 우리가 지금 어떤 시기에 무슨 일을 하고 있든 간에 절대 늦었다는 법은 없다. 성공하는 데 걸리는 시간에 비하면 지금 조금 늦는 것은 아무런 문제가 되지 않는다.

올바른 방향으로만 가고 있다면, 그리고 포기만 하지 않는다면 언젠가는 내가 그토록 원했던 그 기적을 반드시 볼 수 있다. 지금 당장 활짝 꽃이 피는 것보다 천천히 피더라도 오래 피어 있는 것이 낫지 않을까. 조금 늦어도 괜찮다는 링컨의 변함없는 지론처럼 말이다. "나는 천천히 걸어가는 사람입니다. 그러나 결코 뒤로 가지는 않습니다"라는 링컨의 말이 자기 자신을 나타내는 말이 되도록 우리는 매일 매 순간 이 '느리게 전진하겠다'는 다짐을 행함으로 이어나가야 할 것이다.

자신을
이기는 힘 ——————————

신앙은 옳은 것을 만들어주는 힘이 있으며

자신을 이기는 힘도 길러준다.

– 링컨

"젊은이여, 큰일을 하려거든 모든 면에서 자신을 향상시켜라. 다른 사람들이 방해한다고 생각지 말고 열심히 노력하라. 사람들은 다만 같은 것을 요구한다. 공평함을, 그리고 오직 공평함을 요청한다. 비범한 천재는 누구나 다니는 길을 경멸한다. 비범한 천재는 지금까지 그 누구도 탐험하지 않은 지역을 찾는다. 나는 승부에 집착하지 않는다. 그러나 나는 진리에 집착한다. 나는 성공에 매달리지 않는다. 그러나 나는 빛을 붙잡고 살아간다. 나는 누구든지 올바로 서 있는 사람들과 함께 있을 것이다. 그리고 그가 올바로 살아가는 동안 그를 위해 서 있을 것이다. 나는 나를 가장 잘 알고 있는 사람들이 나에 대해 말하기를 나는 항상 꽃이 자란다고 생각되는 곳이라면 어디든지 그곳에 잡초를 뽑고 꽃을 심어왔다고 그들에게 추억되기를 바란다. 만일 나에게 나무를 넘어뜨릴 시간이 주어진다면 나는 나의 도끼를 가는 데 시간을 쓸 것이다. 나는 천천히 걸어간다. 그러나 나는 결코 뒤로 물러서지 않는다."

링컨의 말이다. 링컨은 이런 식으로 자신을 이기는 힘을 키우라고 했다.

미국의 남북전쟁이 거의 끝나갈 무렵이었다. 남군 기병대들은 최후의 힘을 다하여 워싱턴시를 공격해왔다. 링컨 대통령은 이 전투를 직접 보기 위해 전쟁터 가까이 나아갔는데, 그의 큰 키(197센티)는 적들에게 아주 좋은 표적임에 틀림이 없었다. 이를 본 한 육군 중위가 링컨을 향해서 날카롭게 소리를 질렀다. "저런 바보 같으니라고! 어서 엎드려!"

대통령인 자신을 향해 "저런 바보 같은 인간"이라는 식으로 이야기했으니 링컨의 심정은 어떠했을까? 그것도 겨우 육군 중위에게 말이다. 하지만 링컨 대통령은 그 이튿날 자기에게 바보라고 소리친 그 중위에게 감사의 편지를 보냈다. 자기의 생명을 위기에서 보호한 일에 오히려 감사를 표했던 것이다. 그 중위가 바로 훗날 미국의 대법관이 된 유명한 홈스이다. 육군 중위가 대통령을 향하여 "바보"라고 소리친 것은 대통령의 명예를 훼손시킨 실수임에 틀림이 없었다. 군법재판에 보내도 딱히 할 말이 없는 일이었다. 그러나 링컨에게는 큰 사람다운 도량과 관대함, 자신을 이길 줄 아는 힘이 있었다.

살아가면서 가장 힘든 것이 자기 자신과의 싸움이다. 감정에 얽매이지 않고 원칙에 준해 감정을 처리하고 긍정적인 생각을 가지는 것이 중요하다. 우리가 성공적인 삶을 살아가기 위해서 정말 중요한 것은 남을 이기는 것이 아니라 나를 이기는 것이다. 이 세상 어떤 종류의 경쟁이라도 그건 결국 남과 하는 것이 아니라 나자신과 하는 것이다. 링컨, 그는 평생을 자신을 이기는 힘을 키우는 훈련에 게으르지 않았던 사람이다.

1863년 7월 4일 밤, 남군 병사들은 북군에 밀려 폭우까지 쏟아지는 속에서 포트맥 강변으로 퇴각하고 있었다. 하지만 강물은 쏟아진 비로 범람해 도저히 건널 수 없는 상황이었다. 북군이 계속 추격한다면 로버트 리 장군의 부대는 완전히 붕괴되어버릴 수밖에 없는 노릇이었다. 이때 링컨은 전쟁을 마칠 수 있는 절호의 기회라고 생각하여, 리 장군을 생포하고 끝까지 추격히여 전투를 승리로 이끌라는 전보를 급히 쳤다. 이것은 신속하게 미드 장군에게 전달되었고 링컨은 특사까지 파견하여 공격을 개시하도록 독촉했다.

하지만 미드 장군은 링컨이 지시한 것과는 정반대로 심사숙고하며 주저하기 시작했다. 결국 그는 공격하지 않았고 이러는 사이 강물의 수위는 내려가고 리 장군과 남군은 무사히 강을 건너 도주하고 말았다. 이 소식을 들은 링컨은 굉장히 분노했다. 어떻게 적군을 손아귀에 넣고도 놓쳐버릴 수 있단 말인가? 그는 자신의 아들인 로버트 링컨에게 "내가 그곳에 있었다면 그를 채찍으로 직접 쳤을 것이다"라는 말까지 했다고 한다. 이러한 비참한 심중에 링컨은 미드 장군에게 곧바로 편지를 썼다. 링컨의 심각한 분노가 담긴 편지였다.

"미드 장군, 나는 장군께서 나의 명령을 불복종하여 적장인 리 장군을 탈출하게 한 것에 대해 심히 유감스럽게 생각하고 있소. 분명 그는 우리의 손아귀에 있었고 그를 생포했다면 우리는 이 전쟁을 일찍 끝낼 수 있었소. 하지만 그 기회는 놓쳐버렸고 전쟁은 언제 끝날지 기약할 수 없게 되었소. 지금의 나로서는 당신에게 어떠한 기대도 할 수 없고 더 이상 우리 군에서 어떤 역할을 할 것이라는 생각도 할 수 없게 되었소. 당신이 가졌던 기회는 떠나버렸고 당신 때문에 지금 나는 엄청난 스트레스에 시달리고 있단 말이오."

하지만 미드 장군은 이 편지를 보지도 못했다. 링컨은 이 편지를 보내지 않았고 이 편지는 그가 죽은 이후에 서랍에서 발견되었기 때문이다. 링컨은 화가 날 때마다 편지를 썼다. 하지만 그 편지 대부분을 보내지 않았다. 링컨은 자신도 만약 그런 상황이었다면 미드 장군처럼 했을 수도 있겠다고 생각하며 곧바로 마음을 정리했던 것이다. 힘들었지만 자신의 분노와 감정을 누그러뜨렸던 것이다. 그는 과거의 일을 가지고 남을 판단하는 일이 아무런 도움을 주지 못한다는 결론을 내렸을 것이고 아침이 되어 자신이 쓴 편지를 다시 읽어본 후 서랍 속으로 던져 넣었던 것이다. 그의 서랍 속에서 발견된 이 편지는 자기 명령을 거역한 부하 장군을 그 사람의 입장에서 이해하려고 노력한 링컨의 인품을 생각해보게 한다. 그가 자신을 이기는 힘이 얼마나 강한 사람인지를 알 수 있다. 그런데 이런 식으로 써놓고도 보내지 않은 편지가 그 후 수도 없이 발견되었던 것이다.

우리는 자신의 사소한 감정 하나를 다스리는 데도 매우 서툴다. 이성보다는 감정에 치우쳐서 균형을 흐트러뜨릴 때가 얼마나 많은지 모른다. 사소한 감정 하나에 허우적거리는 것은 지나치게 어리석은 일이다. 이렇게 하면 자칫 상대방의 감정까지 혼란스럽

세 만들게 되며 오히려 니의 약점만 쉽게 드러난다. 그러므로 나를 이긴다는 것은 생각과 말과 행동을 자신의 의지나 감정대로만 이끌어가는 것이 아니라 상대방의 입장에서 이해하려고 노력하는 것이다. 남을 먼저 생각하는 이런 노력이 결국 인품으로 만들어지는 것이다. 나를 이긴다는 것은 나 자신과 싸우는 것이다. 이 세상에서 가장 강한 사람은 상대방을 이기는 사람이 아니다. 나를 이기는 사람이다.

기회는
스스로 만들어나가는 것이다

행운이나 기회는 결코 우연히 찾아오는 것이 아니다.

그것은 준비된 사람에게만 찾아오는 아주 특별한 선물과도 같다.

— 링컨

"만나는 사람마다 교육의 기회로 삼아라. 나는 공부하고 준비하리라. 그러면 기회는 올 것이다. 나는 계속 배우면서 나를 갖추어 나간다. 언젠가는 나에게도 기회가 올 것이다. 나는 기회가 올 것에 대비하여 배우고, 언제나 착수할 수 있는 태도를 갖추고 있다. 어떤 일을 할 수 있고 해야 한다고 생각하면 길은 반드시 열리게 마련이다."

링긴의 이 말은 우리 인생에서 참으로 진실 아닌가. 그렇다. 기회는 스스로 만들어나가는 것이다. 비천한 자리에서 수많은 역경과 실패를 겪었고 그 험난한 조건이 그를 불행하게도 했지만 링컨은 늘 배우고 익히는 태도를 견지했다. 그리고 자신이 처한 상황을 솔직하게 인정하고 드러내는 당당함을 보였다. 그 숱한 고난 속에서도 다시 일어나고, 넘어지면 또다시 일어났던 링컨, 그는 자신의 부족함을 개선하기 위해 끊임없이 노력하는 집념을 보여주었다. 피눈물 나는 노력과 끈질기고 굳건한 의지로 모든 기회를 자신 스스로 만들어나갔다.

무에서 유를 창조하기 위한 쉼 없는 그의 도전과 집념, 노력과 열정 그리고 뜨거운 사명감이 있었기에 마침내 그는 미국의 대통령이 되었다. 그리고 남북전쟁이라는 거대한 내부적 위기로부터 나라를 구하는 데 성공하여 연방을 보존했고 노예제를 끝냈다. 그의 그 모든 끈질긴 노력이 위대한 링컨, 존경받는 링컨을 만들었던 것이다.

사실 남부연합은 100% 독립에 성공할 줄로 믿었다. 그것도 영원히 지속될 줄 알았다. 그러나 링컨이 1864년 대통령 선거에서 재선에 승리하자 남부연합이 가지고 있었던 독립에 대한 바람은 모두 사라져버리고 말았다. 그 이유는 단지 링컨이 재선에서 승리했다는 사실보다 그가 얼마나 기회를 잘 만들어나가는 사람인지 이미 남부연합은 너무나 많이 겪어왔기 때문이다. 링컨은 순간순간 위기가 닥칠 때마다 모든 위기를 기회로 삼았다. 그리고 아무리 어려운 상황이라도 그것을 기회로 만들어나간 실로 탁월한 지도자로 이미 우뚝 서 있었던 것이다.

특히 그는 남부와 북부의 경계선상에 위치한 주들을 설득해 더이상 탈퇴하지 못하도록 모든 노력을 기울였다. 그리고 결국엔 그들로부터 지지를 이끌어내는 데 성공했다. 또한 전쟁주의자들을 설득하는 데도 심혈을 기울였으며 민주당 의원뿐만 아니라 해방된 노예들까지도 자신들의 편이 되도록 끊임없이 전술을 펼쳐나갔다.

국제적 목적을 합리화하기 위해 외교적으로도 무던히 애썼다. 그의 뛰어난 외교술로 특히 영국과 프랑스, 그리고 유럽의 여러 나라로부터 전폭적인 지지를 얻어냈다. 자신에게 찾아온 수많은 위기를 모조리 기회로 만들어나갔던 것이다.

앞서 말한 대로 링컨은 공화당의 극보수파가 아니었다. 공화당의 중도파 수장으로서 여러 방향에서 엄청나게 많은 비판을 받기도 했다. 노예제도에 반대하던 공화당 급진파에서는 남부에 대해 더욱 강한 조치를 취할 것을 촉구했으며, 전쟁을 반대하던 민주당에서는 끊임없이 평화와 협상을 촉구하며 나섰다.

분리독립주의자들은 아예 링컨을 적으로 보았다. 링컨에게 닥쳐오는 모든 상황 하나하나가 위기 그 자체였다. 그런 가운데서도 링컨은 반대파에 지원책을 폄으로써 지지를 끌어내고자 했다. 뛰어난 언변과 유머 그리고 연설을 통해 여론을 이끌어내는 데도 굉장히 많은 시간을 할애하며 심혈을 기울였다. 그리고 그는 북군에게 돌아올 수 있는 모든 지지의 기반과 기회도 끊임없이 만들어나갔다. 링컨은 민주당과 겨룬 재선에서 승리를 거두면서 남부에 지지를 보냈던 북부 사람들을 끌어안는 데 있어서도 조금도 주저하지 않았다. 앞서 여러 번 언급했듯이 사실 남북전쟁은 링컨 자신의 의지로 일어난 것이 아니라 우연히 터진 것이다. 하지만 그는 그렇게 불시에 찾아온 그 남북전쟁의 위기마저도 자신의 정치적인 기회로 만들어나갔던 것이다.

그가 정치적 상황들을 기회로 만들기 위해 자신을 던진 사건 또한 비일비재했다. 그 모든 위기를 오히려 반전의 기회, 도전의 기회로 스스로 만들어나갔던 것이다. 한마디로 링컨은 '기회만' 만들어나간 지도자였다.

그렇다. 기회를 스스로 만들어나가지 않는 사람들은 실패할 것 같은 일, 위험할 것 같은 일을 자꾸 회피하려는 경향이 있다. 왜 그럴까? 모든 감각이 점차 지쳐 잠에 빠진 듯하여 깨어 있는 시간보다 가라앉아 있는 시간이 더 많이 자신의 사고를 지배하고 있기 때문이다. 그래서 자신의 주변에서 위기로서 닥쳐오는 삶의 문제들을 아예 피해버리거나 너무 빨리 포기해버리는 것이다. 다시 말해 미래에 대한 큰 기대가 없으니 실망할 일도 없다는 자포자기의 상태가 되어버리는 것이다.

위기는 피하는 것이 아니다. 받아들이고 오히려 기회로 만들어 나가는 것이다. 인생은 끊임없는 기회의 연속이기 때문이다. 이제 나 스스로에게 다음과 같은 질문을 던져보자.

'지금 나는 무슨 생각을 하고 있는가? 링컨처럼 지금 나에게 닥쳐온 위기를 스스로의 기회로 만들어가고 있는가? 아니면 삶의 문제들을 아예 피해버리거나 포기해버리고 있지는 않은가?'

남북전쟁 때 전세가 북군에게 상당히 불리하게 돌아갈 때였다. 그야말로 총체적 위기였다. 그때 링컨 대통령은 위기를 극복하기 위해 결단을 내려야만 했다. 고심 끝에 그는 그랜트 장군을 북군 총사령관에 임명하게 된다. 하지만 참모들은 이 같은 링컨의 결정을 강력하게 반대했다. 그 이유는 술을 좋아하는 호주가好酒家인 그랜트 장군이 총사령관직 수행에 상당한 결격 사유가 있음이 분명했기 때문이다. 하지만 링컨은 지금의 이 위기를 기회로 반전해야 했다. 술을 좋아하는 그랜트가 결격 사유가 있기는 했지만 링컨에게는 그의 능력과 용맹술이 더 중요했다.

그랜트는 웨스트포인트 미 육군사관학교를 우수한 성적으로 졸업했다. 1846년에는 멕시코 전쟁에 참전하여 크게 공을 세운 입지전적인 인물이었다. 하지만 성격이 내성적이던 그는 친구의 여동생 줄리아 덴트와 결혼한 후 아내와 떨어져 있는 외로움을 이기지 못하고 술을 마셔 알코올중독에 시달리기도 했으며 군인으로 복무할 때는 알코올중독 때문에 불명예제대를 당하기도 했다. 그리고 부동산 투자에 손을 댔다가 쫄딱 망해 아버지가 운영하는 가죽 가게의 점원 노릇을 하기도 했다. 바로 그런 경력이 그의 발목을 붙잡은 것이다.

하지만 1861년에 남북전쟁이 시작되자 그랜트는 준장으로 군에 복귀, 남군이 차지하고 있던 헨리 요새와 도넬슨 요새를 점령하는 데 큰 공을 세운다. 그리하여 준장으로 복귀한 지 채 2년도 안 되어 육군 중장으로 승진하게 된다. 여기서 그랜트는 적에게 무조건 항복이 아니면 아무것도 선택하지 말라고 하여 '무조건 항복 Unconditional Surrender'이라는 별명이 붙은 장군으로도 유명했다. 그리고 다시 빅스버그 전투에서도 큰 전과를 세우자 당시 링컨 대통령은 그랜트를 무조건 북군 총사령관에 임명했던 것이다. 위기를 기회로 바꾸는 삶을 추구한 링컨은 그랜트의 과거의 실수에 집착하기보다는 현재의 실리를 먼저 챙겼던 것이다.

링컨은 그랜트를 임명할 때 이 말 한마디로 분위기를 완전히 반전시켜버렸다고 한다.

"그랜트 장군이 좋아하는 술이 어떤 술인지 알아본 후 다른 장군들에게도 한 병씩 보낼 테니 조금도 염려하지 마시오."

그는 이렇게 태연히 그의 임명을 강행해버렸다. 역시 그는 사람을 설득하는 화술, 상황에 맞는 처세술에 탁월했다. 그리고 다른 사람의 능력을 최고로 끌어올려 최대의 성과를 일궈내는 데 대가였다. 개인적인 단점에도 불구하고 여느 장군과 달리 항상 올바른 작전으로 승리를 이끌어낸 그랜트의 강점을 높이 샀던 것이다. 결국 그랜트 장군이 지휘한 게티즈버그 전투 이후 사기가 꺾인 남군을 아주 강하게 몰아붙일 수 있었으며 끝내 1865년에 애포매톡스에서 남군 총사령관 로버트 리의 항복을 받아내었던 것이다.

남북전쟁을 승리로 이끈 그랜트는 훗날 미국의 18대 대통령이 되는 대단한 업적을 남기게 된다. 물론 역사에는 가정假定이 없다지만 만일 링컨이 그랜트 장군의 능력보다 그의 약점인 술버릇 하나만을 더 크게 보는 부정적인 사고로 그를 보았다면 남북전쟁은 전혀 다른 양상으로 전개되었을지도 모를 일이다. 링컨, 그는 분명 위기 극복 리더십의 상징적인 인물이다.

이 세상에 하루아침에 일어나는 기적이란 존재하지 않는다. 마술처럼 외부에서 한순간에 나를 구원해주지도 않는다. 하루아침에 결정 나는 것도, 한꺼번에 이루어지는 것도 없다. 결국엔 내가 그 기적을 만들어나가는 것이다. 언제까지 편안하게 누워 있을 수만은 없다는 것이다. 인생이란 내가 원하든 원하지 않든, 위기든 기회든 무조건 앞으로 나아가야 한다. 링컨처럼 말이다. 나 스스로 기회를 만들어 앞으로 나아가지 않으면 자칫 최악의 경우를 맞이할 수도 있기 때문이다.

결국엔 나 스스로가 딛고 일어서는 것이다. 물론 위기를 기회로 만들어나가는 데 정확한 기준은 없다. 하지만 어느 정도의 적절한 기준을 세워놓고 그에 맞추어 나 스스로를 일으켜 세우는 힘을 만들어나가는 것은 굉장히 중요한 일이다. 기회를 스스로 만들어나가지도 않고 노력하지도 않고 도전하지도 않고서는 내 인생은 아무것도 바뀌지 않는다. 이 평범한 진리를 자신의 인생에 대한 중대 경고로 받아들일 줄 아는 지혜가 필요한 것이다.

링컨이 일리노이주 미국 상원의원 공화당 후보로 나오면서 7차에 걸쳐 진행된 토론회로 열띤 논쟁을 주고받을 때이다. 링컨으로서는 자신에게 주어진 이 정치적으로 최고의 기회를 무슨 일이 있어도 꼭 붙잡아야만 했다. 일곱 번의 토론에서 논의된 주요 논점은 노예제도였다. 결국 이 논쟁이, 링컨이 1860년 미국 대통령 선거에서 당선된 후 직면하게 될 문제를 부각시키게 되었다. 이 논쟁은 링컨에게 가장 중요한 정치적 고비였다. 하지만 그는 자신에게 찾아온 이 절체절명의 기회를 위해 생명을 던졌다고 말해도 지나치지 않을 정도로 열심히 뛰었다. 프리포트, 퀸시 그리고 알턴에서 벌어진 토론회에는 특히 인근 주에서도 수만 명의 청중이 몰려들었다. 그 당시 가장 뜨거운 감자였던 노예제도 문제가 그 주의 시민들에게 매우 중요한 사안이었기 때문이다. 시카고의 주요 신문은 각 토론의 전문을 게재하기 위해 수많은 속기사를 파견했다. 그리고 그 기사를 전국의 신문이 각기 당파적인 관점으로 편집하여 실었다. 이 토론에 관한 신문 보도는 몹시 과열되기까지 했다.

여기서 링컨은 엄청난 공을 들였지만 결국 미 상원의원 선거에서 패하고 만다. 하지만 링컨은 조금도 낙심하지 않았다. 지금 닥쳐온 정치적 위기를 오히려 훗날의 정치적 기회라고 생각했던 것이다. 상원의원 선거에서 낙선한 후 공화당계 신문에서 토론의 전문을 담은 원고를 편집했고 링컨은 그것을 책으로 출판하기로 했던 것이다. 결국 그의 생각은 적중했다. 이미 토론이 널리 보도되었기 때문에 링컨과 더글러스의 논쟁이 담긴 그 책은 엄청나게 팔려 나갔다. 결국 노예제도 문제와 관련된 일곱 차례의 토론과 그것을 담은 책 한 권이 1860년 시카고에서 개최된 공화당 전당대회에서 링컨이 대통령 후보로 지명되는 데 결정적인 요인이 되었던 것이다. 비록 상원의원 선거에서는 패배했지만 좌절 가운데 머문 채 낙심하는 대신 다음에 찾아올 기회를 스스로 만들어나갔던 것이다. 그때 그가 노예제도에 대해 주장한 것을 한마디로 요약하면 다음과 같다.

"모든 인종은 융합되어야 하며 애국자와 자유를 사랑하는 사람의 마음을 연결하는 전선은 명백한 진실입니다."

그 외에도 링컨에게 닥쳐온 위기는 일일이 나열할 수 없을 정도로 많았다. 그는 국회가 휴회 중일 때도 군대를 소집해 전쟁을 강행했다. 이것은 미국 헌법 제6조에 따르면 위법이다. 하지만 그는 전쟁의 승리를 위해 그런 상황의 위기를 또 다른 기회로 만들어나가야만 했다. 때로는 인신보호 영장 발부를 연기해 수천 명의 적군을 감옥에 넣기도 했다. 이 또한 헌법 조항 제5부 부직을 위반한 것이다. 정당한 법 절차를 요구하는 헌법을 무시한 것이다. 링컨은 왜 그렇게 해야만 했을까? 전시 상황에서 만약 결국 남북이 분열되면 링컨에게는 의회 자체가 아무짝에도 쓸모없게 된다. 그러므로 그는 무조건 대통령을 국정 최고 권위자로 격상시켜야만 했다. 때로는 다양한 방법을 동원해서라도 대통령의 고유 권한을 내세우기도 했다. 그리고 정부 기관은 대통령의 국정 수행 전반을 돕는 역할로 격하시켜버렸다. 그런 과정에서 그에게 '독재자', '폭군'이라는 비난도 쏟아졌다. 그럼에도 링컨은 자신이 옳다고 믿는 바를 꿋꿋하게 밀어붙임으로서 결국엔 노예해방이라는 위대한 업적을 달성했으며 더 나아가 미국 연방의 분열까지도 막을 수 있었다.

수많은 위기를 기회로 만들어나간 링컨, 끝내 그는 국민에게 커다란 희망과 신념과 용기를 주었을 뿐만 아니라 종국에는 대통령의 역할에 대한 정의마저 새롭게 내린 입지전적인 인물이 되었다. 분명 링컨은 지금 당장 눈앞에 닥친 어려움마저도 새로운 기회로 포착하여 이용할 줄 아는 혜안을 갖고 있었다. 스스로 기회를 만들어나가는 능력이 탁월한 정치인이었던 것이다.

그렇다. 부정적 사고는 강점보다 약점이 크게 보이도록 만든다. 그래서 우리는 때로 눈앞에 뻔히 보이는 기회마저도 놓치고 만다. 하물며 우리가 만들어나가야 하는 기회들에 대해서는 어떠할까.

인생의 성공은 기회를 잘 포착하고 기회를 잘 이용하는 데 있다. 기회란 무조건 때만 기다리는 것이 아니다. 나 스스로가 적극적으로 만들어가는 것이다. 언제나 기회를 스스로 만들어나가는 능력이 탁월했던 링컨처럼 말이다.

시련은
극복하는 것이다 _____

역경을 맞아 울기만 하지 말고 미래의 밝은 빛을 향해 분투 노력하며

성공을 쟁취하지 않으면 안 된다.

— 링컨

- 개척민의 아들로 통나무 오두막집에서 태어났다.
- 혹독한 가난과 싸우며 어린 시절을 보내야만 했다.
- 어린 나이인 열 살 때 어머니가 우유병으로 사망했다.
- 그토록 사랑하던 누나가 아기를 낳다가 죽는다.
- 첫 사업 실패로 파산한다.
- 주의회 선거에서 낙선한다.

다시 링컨

- 친구 때문에 어쩔 수 없이 다시 사업을 맡았지만 또다시 파산한다.
- 그 때문에 17년간 빚을 갚아나간다.
- 결혼을 얼마 앞두고 약혼녀가 사망한다.
- 그 충격으로 무려 6개월간 우울증으로 정신병원에 입원한다.
- 주의회 대변인 선거에 출마하지만 낙선한다.
- 정부통령 선거에 출마해 역시 낙선한다.
- 하원의원 공천에 탈락, 재지명권을 상실한다.
- 하원의원 선거에 출마하지만 또다시 낙선한다.
- 하원의원 재선거에 출마하지만 역시 낙선한다.
- 둘째 아들이 죽는다.
- 고향에서 국유지 관리인 직에 지원했다가 떨어진다.
- 상원의원 선거에서 낙선한다.
- 부통령후보 지명선거에서 낙선한다.
- 상원의원 선거에 재출마해서 낙선한다.
- 셋째 아들마저 죽는다.

  마치 그는 실패와 불행을 부르는 사람처럼 보인다. 그의 파란만 장한 인생을 보면 인간적으로 정말 불쌍하다는 생각이 들 정도다. 어렸을 때부터 지독한 가난이 그를 괴롭혀 스스로를 몰아붙이듯 살아야 했던 링컨의 일생은 그야말로 시련과 고난의 연속이었으 며 끝없는 불행과 슬픔으로 점철되어왔다. 그의 암울함과 슬픔과

▲ 오하이오주 클리블랜드에 있는 링컨의 동상

외로움과의 싸움이 그의 심적 기조였음에는 틀림이 없다. 매번 파산과 낙선 등 실패의 연속이었고 그러한 실패의 결과로 인하여 성인기의 인생 절반을 신경쇠약과 우울증에 시달렸다는 것만 보아도 그가 얼마나 힘든 삶을 살아왔는지 알 수가 있다.

물론 링컨은 정직하고 인내심이 강한 사람에 속했지만 가난하고 열악한 가정에서 태어나고 자란 그의 인생 전반 대부분은 결코 평탄하지 않았던 것이 사실이다. 사업가로서도 정치가로서도 분명 실패한 사람이었다. 하지만 그는 그 수많은 역경 속에서도 좌절하지 않고 그때마다 다시 일어나기 위해 고난이라는 장애물을 오히려 디딤돌로 바꾸어나가는 노력을 게을리하지 않았다. 아무리 어렵고 힘든 고난이 닥쳐와도 언제나 그의 눈은 힘든 현재에 초점을 맞추지 않았다. 늘 마지막 목표를 향해 있었다. 조금도 그 힘듦을 높은 산으로 보지 않았던 것이다.

비극적인 상실감마저 수없이 겪으면서 그의 우울증은 갈수록 더 심해져갔지만 자신의 삶을 긍정적으로 바라보는 시선과 특유의 유머감각 그리고 절망감을 달래고 의지를 다잡는 유연한 사고를 통해 모든 시련을 극복할 수 있었다.

그렇다면 도대체 그는 그 수많은 실패와 시련을 어떻게 극복하고 마지막 성공의 자리에 도달할 수 있었을까? 스물일곱 번의 시련을 다 마치고 마침내 대통령에 당선된 링컨에게 기자들이 물었다.

"당신이 거둔 위대한 성공의 비결은 무엇이라고 생각합니까?"

약간의 침묵의 시간이 흐른 후 링컨은 진지한 표정으로 말했다.

"내가 경험했던 수많은 시련과 고난 덕분입니다. 시련이 닥쳐왔을 때마다 나는 좌절하기보다는 교훈을 얻었고 그 교훈을 성공의 징검다리로 활용했습니다. 내가 걷는 길은 험하고 미끄러웠습니다. 그래서 나는 자꾸만 미끄러져 길바닥 위에 넘어지곤 했습니다. 그러나 나는 곧 기운을 차리고 내 자신에게 말했습니다. '괜

찮아. 길이 약긴 미끄럽긴 해도 낭떠러지는 아니야'라고 스스로를
다잡았습니다. 그리고 언제 닥칠지 모르는 어려운 일에도 착수할
수 있는 태도를 늘 갖추고 있었습니다."

　아무리 죽을 것같이 힘들어도 생의 의지를 갖고 그 아픔을 견디
다 보니 링컨의 삶에 생명을 향해 솟구치는 희망의 시간이 왔던
것이다.

　그렇다. 살아가면서 끊임없이 겪게 되는 크고 작은 고통이 바다
만큼 많은 것이 우리의 인생이다. 그러나 우리가 고통스러운 순간
에도 결코 좌절하지 않을 수 있는 것은 고통에는 깊이가 있기 때
문이다. 그 인생의 깊이를 깨닫게 될 때에 비로소 시련과 역경을
이겨낼 수 있는 것이다. 그러므로 우리는 삶의 전선에서 맞닥뜨리
는 한계에 굴복하지 말고 마지막까지 남아 있는 길을 볼 수 있어
야 한다. 절대로 자신의 삶에 굴복해서는 안 된다. 링컨처럼 인생
의 한계를 뛰어넘어야 한다. 그렇게 하지 않으면 자칫 변화의 소
용돌이에 휩싸인 나머지 자기 자신은 물론이고 남아 있는 미래마
저 모두 잃어버릴 수도 있기 때문이다.

　우리가 굴곡이 없고 시련이 없는 인생을 살아가는 것은 불가능
한 일이다. 상처받지 않고 살아가는 방법도 없다. 상처받지 않는
다고 행복한 것도 아니다. 누구나 다치면서 살아가고 날카로운 모
서리에 부딪히면서 때로는 치명상을 입으며 살아가기도 한다. 하

지만 중요한 것은 스스로 치유할 수 있는 내면의 힘, 즉 정서적, 정신적 힘을 기르면서 살아가야 한다는 것이다.

우리가 이처럼 순응의 삶을 살아간다면 괴롭고 고통스러운 질문을 스스로에게 던질 필요도 없다. "왜 하필이면 나에게 이런 일이?" 이런 질문도 필요 없다. 순응하며 사는 순간 모든 속박에서 해방되기 때문이다. 그리고 앞으로 다시 나아가려고 할 때 회복의 속도도 훨씬 더 빨라지는 것이다. 여기서 필자가 말하는 순응은 그저 수동적으로 현실을 따르고 그저 주어진 환경에 적응하라는 말이 아니다. 변화무쌍한 인생의 환경과 인간의 속성, 삶을 일으키는 고난의 깊이를 깨달아 자신의 생이라는 그 파도에 알맞게 자신의 몸을 실으라는 뜻이다. 이야말로 자유로우면서도 도전적인 삶이라 할 수 있을 것이다. 이것은 환경에 적응하면서도 그 와중에 새로운 환경을 만들어내는 창조의 삶이다.

어찌 보면 웃음보다는 흘린 눈물이 더 많은 게 링컨의 인생일 수도 있다. 하지만 그는 시련이 닥칠 때마다 그 시련을 동굴로 생각하지 않았다. 잠시 지나가는 터널이라고 생각했다. 그는 터널은 끝이 있지만 주저앉아버리면 영원히 나를 덮는 동굴이 된다는 사실을 알고 살아간 지혜로운 사람이었다. 링컨은 남북전쟁 중에 이렇게 말했다.

"나는 더 이상 다른 길이 없다는 중압감에 사로잡혀서 여러 번

좌절했었습니다. 나 자신의 지혜와 니와 연관된 모든 것이 부족한 것처럼 보였습니다. 그러나 나는 나 자신에게 남아 있는 고뇌의 순간들과 그 시련들을 마지막 순간까지 극복해냈습니다."

많은 사람이 링컨을 벼락출세를 한 인물이라고 평가하기도 했다. 아니다. 그의 모든 승리는 결코 벼락출세도, 우연도 아니었다. 그에게는 비범한 정치적 능력도 있었지만 눈부신 성공 뒤에 감춰진 수많은 실패와 시련이 있었다. 무수한 고난과 좌절, 그 혹독한 시련 속에서도 그것을 이겨내는 용기와 강력한 내면의 힘, 즉 강인한 정신력이 있었기에 가능했던 것이다.

헬렌 켈러는 생후 19개월 만에 성홍열과 뇌막염에 걸려 위와 뇌에서 급성출혈이 생겨 보지도 듣지도 말하지도 못하는 3중 장애를 안게 되었다. 그 엄청난 시련을 겪고도 인간의 존엄성을 가장 인격적으로 증명해낸 위대한 사람이다. 헬렌 켈러는 "당신이 맹인으로 태어나는 것보다 더 불행한 게 있다면 무엇이라고 생각합니까?"라는 질문을 받았다. 그때 그녀는 한 치의 머뭇거림도 없이 대답했다.

"시력은 있되 꿈이 없는 것입니다. 꿈이 있기에 지금 나는 아름다운 삶을 살아갈 수 있는 것입니다. 그런데 그 꿈은 시련을 극복하는 생명의 원천에서 나오는 것입니다."

그렇다. 시련을 극복한다는 것은 생명의 원천이고 삶의 에너지이다. 해뜨기 직전이 가장 어둡듯이 곧 찬란한 태양이 떠오른다는 확신을 가지고 살아야 한다. 밤하늘의 별들이 아름다운 것은 캄캄한 밤하늘이 배경으로 있어서다. 결국 링컨의 삶이 축복으로 연결될 수 있었던 것은 그 어렵고 힘든 현실 속에서도 소망을 잃지 않았기 때문이다. 비록 오늘이 힘들지만 내일이 아름다운 이유는 내가 바라는 것들이 내일 거기에 있을 거라고 믿기 때문이다. 결국 그 험난했던 여정이 한편으로는 축복이자 교훈이 될 것이기 때문이다.

우리가 가는 길은 언제나 곧을 수만은 없다. 간혹 꺾인 길도, 오르막길도, 울퉁불퉁한 길도, 때로는 자갈밭도, 흙탕길도 있을 것이다. 그 밖에도 변화무쌍한 각양각색의 길은 얼마든지 있을 수 있다. 다양한 시련의 길 말이다. 결국 그 시련을 이겨낼 때에만 스스로 성장하게 되는 그 시간들이 나에게 찾아오는 것이다. 분명한 것은, 링컨은 수많은 고난과 역경을 기어이 이겨냈기에 마침내 미국 역사를 다시 쓸 수 있었다는 것이다. 그리고 인류 역사에서 민주주의 발전에 크게 기여한 전설이 될 수 있었다.

그렇다. 시련은 분명 견디기 힘든 일이다. 하지만 시련에는 나를 강하게 하는 능력이 있다. 결국 시련은 극복하는 것이다. 무조건 극복해나가는 것이다. 그래서 결실을 얻어내는 것이다. 링컨처럼 말이다.

믿음이 없으면
성공도 없다

꼭 성공하겠다는 스스로의 결심이

가장 중요하다는 것을 명심하라.

– 링컨

우리 모두는 성공하기를 원한다. 하지만 그 성공이 모든 사람에게 찾아오는 것은 아니다. 그렇다면 성공하는 사람과 성공하지 못하는 사람의 차이점은 무엇일까? 혹자는 끊임없이 나를 발전시키고 보다 중요한 가치를 향해 나아가는 사람과 그렇지 못한 사람과의 차이라고 말한다. 하지만 이것 또한 이론에 불과하다. 진정한 성공의 길은 세상과 부딪치면서 세상과 이길 힘을 키우는 것이다.

다시 링컨

그리고 철저하게 준비하는 것이다. 매일 남보다 더 많은 땀을 흘려야 하며 간절함과 절박함이 흘러넘쳐야 한다.

링컨은 성공의 삶을 만들어나가기 위해 철저하게 준비하며 열심히 배워나갔다. 책 한 권을 빌려 읽기 위해 캄캄한 밤길에도 그먼 길을 기쁜 마음으로 뛰어갔다. 보통 사람들이 쉽게 할 수 없는 일이다.

좋은 인간관계를 위해 유머를 배우는 노력도 아끼지 않았다. 좋은 멘토를 만나기 위해 자신이 먼저 좋은 사람이 되고자 정직한 삶을 살았다. 좋은 친구들을 만들기 위해 때로는 원수를 친구로 만드는 능력도 길러나갔다.

그는 성공이라는 목표를 위해 늘 겸손한 자세로 살았으며 그 누구보다도 긍휼한 마음을 가진 어진 사람이었다. 자기에게 맡겨진 일에 대해서는 뜨거운 열정을 지니고 있었으며 어떠한 상황 속에서도 분노 조절을 할 줄 아는 리더의 기본 덕목을 갖추어나갔다.

링컨은 불쌍한 사람들을 위한 인권 변호사를 자청했다. 남을 돕기 위해 살고자, 그리고 자신을 일으켜 세우고자 끊임없이 자신을 이기는 힘을 키워나갔다. 그렇게 숱한 시련을 극복해나가며 스스로의 기회를 만들어 결국엔 미국 역사상 가장 위대한 대통령으로 손꼽히는 에이브러햄 링컨이 탄생된 것이다.

성공은 하루아침에 이루어지지 않는다. 사업이든 정치든 스포츠든 세상 어느 분야에서든지 우연히 일어나는 신비의 산물은 아무엇도 없다. 성공은 철저히 준비해나가는 자의 몫이다. 세상과 부딪치면서 세상과 이길 힘을 키우는 자의 몫이다. 남보다 더 많은 땀을 흘리고 성공을 향한 간절함과 절박함이 있는 사람만이 성공을 쟁취할 수 있는 것이다.

링컨의 성공에서 가장 두드러지게 나타난 것이 무엇인가 하면 실패에 대한 망각성이 있었다는 점이다. 우리에게도 바로 이 '실패에 대한 망각성'이 있어야 한다. 그럴 수 있을 때 다시 일어나 앞을 향해 나아갈 수 있는 새로운 용기와 힘이 생기기 때문이다. 성공으로 갈 수 있는 길에서 과거의 실패를 빨리 잊어버리는 것이 중요하다는 것을 결코 잊어서는 안 된다.

우리는 인생을 살아가면서 원하지 않지만 누구나 실패를 경험하게 된다. 열심히 취업 준비를 한 사람이 취직 시험에 떨어지기도 한다. 때로는 나름대로 애를 썼음에도 사업에 실패하기도 한다. 그 누구도 나의 진가를 알아주지 않는 아주 힘든 시절을 겪기도 한다. 하지만 그 같은 실패들에 대한 망각성이 없으면 결코 성공이라는 또 다른 배로 갈아탈 수가 없다. 성공한 사람들의 공통점은 실패의 상처를 빨리 잊어버린다는 것이다. 실패를 순간의 좌절 정도로만 생각하는 것이다.

그렇다. 실패란 마음의 상처에서부터 오는 것이다. 우리가 인생을 살아가면서 자신을 끊임없이 피곤하게 만들고 자유롭지 못하게 하는 근본적인 원인은 아직도 자신에게 남아 있는 마음의 상처들이다. 그러므로 우리는 과거의 아픔이나 실패들을 빨리 지워 버릴 줄 아는 훈련, 즉 상처와 실패에 대한 망각성 훈련이 필요하다. 과거의 실패나 상처에 매여 있는 사람의 대다수는 현재나 미래를 바라보지 않고 사는 이들이다. 실패에 대한 감정 그리고 실패하기까지 자신의 세세한 행동까지도 기억하며 과거에만 머물러 있기 때문이다. 그래서 상처와 실패는 가능한 한 빨리 잊어버려야 하는 것이다. 성공이란 바로 이 점을 명확하게 자각하는 사람에게만 찾아오는 선물이다.

처세의 달인, 데일 카네기는 처음부터 성공한 사람은 아니었다. 호구지책으로 YMCA에서 인간관계론을 강의하던 평범한 무명 강사였다. 성공보다 수많은 실패에 훨씬 익숙했던 사람이다. 하지만 그는 어떻게 실패를 딛고 일어서느냐를 잘 알고 있었던 사람이다. 바로 실패에 대한 망각성 때문이었다. 성공이란 지식에만 국한되는 것이 아니다. 지식을 통한 경험(실패)에서 시작되는 것이다.

미국 역사상 가장 위대한 대통령으로 손꼽히는 에이브러햄 링컨 역시 아주 오랫동안 수많은 실패의 경험을 겪었다. 그의 수식어는 실패가 따라붙는 남자, 그야말로 그의 인생은 실패와 불행의 연속이었다. 그러나 링컨은 실패라는 절망의 감옥에 단 한 번도 갇혀 있지 않았다. 그러므로 그의 실패는 결코 실패가 아니었다. 실패를 거듭하긴 했지만 실패한 사람은 되지 않았다. 오히려 실패 때문에 실패하지 않는 빙법을 배웠던 것이다.

쓰러지는 것이 문제가 아니었다. 링컨은 쓰러졌을 때 어떻게 딛고 일어나야 하는지를 알았던 사람이다. 말 못할 고통을 안겨준 연이은 좌절 속에서도 빨리 그 실패를 잊어버리고 새로운 도전과 희망을 포기하지 않았던 승리자, 링컨을 한 마디로 말하면 '희망과 용기로 최고의 성공을 이뤄낸 사람'이다. 실패와 고통 그리고 그 고난을 견디며 꿈을 이루었던 에이브러햄 링컨, 그는 환경의 지배를 받은 사람이 아니라 오히려 환경을 새롭게 만들어나간 용기 있는 사람이었다.

1855년 첫 도전한 상원의원 선거에서 낙선한 날, 한 법학도가 링컨에게 덕담 한 마디를 부탁했다. 비록 낙선한 자리였지만 링컨은 당당하게 말했다.

"반드시 성공을 해야겠다는 결심이 그 무엇보다도 중요하다는 것을 늘 마음에 새겨두게."

물론 성공은 쉽게 이루어지지 않는다. 하지만 내가 성공하기로 마음을 먹는다면 자신이 마음먹은 대로 성공은 반드시 이루어진다. 그리고 우리 삶에서 정말 중요한 것은 마음만 먹으면 얼마든지 성공도 행복도 다시금 찾아올 수 있다는 것이다.

링컨의 삶을 보면서 우리 모두는 성공의 길을 배워나가야 할 것이다. 더 이상 지금 이 자리에 머물지 말고 '성공은 반드시 이루어진다'는 확신을 가지고 끊임없이 도전하고 준비해야 한다. 이야말로 우리 모두가 꿈꿔야 할 진정한 성공의 길이다. 지도자의 길도 그런 것이다. 링컨이 난관을 헤치며 성큼성큼 걸어온 그 길처럼 말이다.

링컨의 죽음 ─────────────────

1865년 4월 14일 금요일, 아주 화창한 날이었다. 링컨 대통령은 전쟁이 끝난 후 이제 막 워싱턴에 도착한 아들 로버트 링컨과 아침식사를 했다.

"사랑하는 아들아! 전선에서 무사히 돌아왔구나. 나는 대통령으로 나랏일을 맡아보는 것보다 내 아들인 네가 군인으로 전쟁터에 나가 있었다는 것이 더 자랑스러웠다. 이제 모든 전쟁이 끝났으니 남북이 하나가 되어 평화롭게 살아갈 수 있을 거야. 이제 너도 군복을 벗고 마치지 못했던 공부를 계속했으면 좋겠구나."

네 명의 아들 중에서 세 명의 아들을 먼저 하늘나라에 보내고 유일한 장남 로버트 링컨마저 전선에 내보냈던 대통령 링컨은 늘 노심초사였다. 하지만 이날만큼은 아침부터 모처럼 행복한 시간을 보내고 있었다.

그리고 그날 밤 링컨 대통령 부부는 유명한 배우 로라 키니가 출연하는 〈우리의 미국인 사촌Our American Cousin〉이라는 연극을 관람하기로 해서 평소보다 이르게 저녁식사를 마쳤다. 밤 10시경 링컨 부부와 대통령 일행이 워싱턴의 중심지 포드극장 2층 귀빈석에 입장하자 1700여 명의 관객 모두가 일어나 남북전쟁을 승리로 이끈 대통령을 뜨거운 박수로 환영했다. 링컨 부부도 두 손을 흔들며 환한 웃음으로 답례한 후 자리에 앉았다. 남북전쟁이 끝난 지 만 5일째 되는 날이었다.

링컨은 그곳이 자신이 비극적인 최후를 맞이하는 자리가 될 줄은 꿈에도 모르고 있었다. 비운의 그림자가 이미 그의 주변을 감싸고 있었던 것이다. 3일 전 4월 11일, 흑인들에게도 공민권公民權을 허용한다는 링컨의 연설을 들은 후 몹시 화난 남부연합 지지자이자 배우인 존 윌크스 부스는 링컨을 암살하기 위해 이미 극장안에 들어와 있었다.

링컨 대통령 부부 옆에는 외교관이자 군인인 레스본 소령과 그의 약혼녀 해리스가 함께 앉아 있었다. 이제 막 연극의 3막 2장이 시작될 순간이었다. 그때 영부인은 자신의 손을 잡고 있는 대통령에게 귓속말로 속삭였다.

"여보, 당신이 이렇게 내 손을 잡고 있으면 이제 곧 결혼할 해리스 양이 어떻게 생각할까요?"

에필로그

273

"글쎄, 아무 생각이 없겠지!"

대통령은 위트 있게 답했다. 하지만 그것은 링컨 대통령이 이 땅에서 남긴 최후의 말이 되어버렸다. 그의 말이 끝나기가 무섭게 총소리와 함께 갑자기 링컨이 팔걸이의자에 꼬꾸라지며 부인 메리 토드 쪽으로 쓰러졌다. 그녀는 본능적으로 외마디 비명을 지르며 링컨을 부둥켜안았다. 순간적으로 영부인 메리가 손을 뻗어 그를 잡았고 무슨 일이 일어났는지를 알았을 때 그녀는 또 한 번 비명을 질렀다.

너무나 순식간에 일어난 일이라 그 누구도 손쓸 겨를이 없었다. 그러나 그 순간 레스본 소령은 용수철처럼 튀어나와 도주하려는 부스를 잡으려고 몸을 던졌다. 그때 부스는 권총을 던져버리고 칼을 꺼내들어 레스본의 왼팔을 격하게 찔렀다. 하지만 레스본은 대통령석 2층 난간에서 뛰어내릴 준비를 하고 있는 부스를 또다시 붙잡으려고 반사적으로 뛰어나갔다. 그러나 부스는 다시 레스본의 가슴을 난자하고는 대통령석 난간에서 무대 아래로 뛰어내렸다. 그리고는 연극의 일부인 양 무대를 가로지르며 달려 나갔다. 이 모든 것이 불과 몇 분 사이에 일어난 일이었다. 그때가 밤 10시 30분경이었다.

링컨의 부인과 해리스는 계속해서 비명을 질렀으며 레스본 소령이 "대통령이 저격당했다"고 외치자 그때서야 관객은 부스의 행동이 쇼가 아님을 알게 되었으며 순식간에 극장 안은 대혼란이

다시 링컨

일어나고 말았다.

대통령의 머리에서는 피가 철철 흘러내리고 있었고 바닥에는 금세 피가 흥건히 고이기 시작했다. 거친 숨을 몰아쉬던 링컨은 곧 의식을 잃고 말았다. 링컨의 유일한 경호원이었던 존 파커는 연극의 막간에 링컨의 마부들과 술을 한잔하기 위해 옆에 있는 스타 살롱이라는 바에 나가 있었다. 부스는 2층 발코니의 귀빈석에 무방비 상태로 앉아 있었던 링컨에게 접근해서 그의 뒷머리를 향해 방아쇠를 당긴 것이다.

곧바로 군의관 찰스 리얼이 응급처치에 들어갔으며 급히 연락 받고 온 주치의 스톤 박사와 몇몇 군위관에 의해 링컨은 길 건너 양복점인 피터슨 하우스Petersen House로 옮겨졌다. 이내 뇌 속 깊이 박힌 총알 제거 수술에 들어갔다. 하지만 더 이상 손을 쓰기 어려울 정도로 상황은 점점 더 심각하게 흘러가고 있었다.

급하게 소식을 듣고 달려온 지역 목회자들과 큰아들 로버트 링컨, 그리고 아내 토드가 밤새 침상을 지키며 기도하기 시작했다. 아홉 시간이 흘러갔다. 하지만 그때까지도 링컨은 혼수상태에 빠져 있었다. 도저히 회복할 가망성이 없다는 스톤 주치의 말을 전해 들은 지 30여 분 만인 1865년 4월 15일 아침 7시 22분에 끝내 링컨은 56세의 젊은 나이로 사망하게 된다. 미국의 대통령으로서 최초로 암살당한 비운의 주인공이 된 것이다. 살아야만 하는 이유가 헤아릴 수 없이 많았지만 미국을 향한 링컨의 뜨거운 심장은 조국과 사랑하는 가족의 가슴속에 영원히 남겨진 채 결국 멈춰 버리고 말았던 것이다. 57년간의 세월은 한순간 바람처럼 사라져 버렸고 온 국민에게 가슴 아픈 상처를 남긴 채 링컨은 영원히 돌아올 수 없는 길을 기어이 떠나버리고 말았다.

공교롭게도 링컨이 암살된 그날은 바로 예수 그리스도가 십자가에 못 박혀 죽은 날을 기념하는 수난절이었다. 침대 주위를 지키고 있던 모든 사람이 무릎을 꿇고 기도했다. 피니어스 걸리 목사의 임종 기도가 끝나자 스탠턴이 곧바로 성명을 발표했다. 그리고 비탄에 찬 목소리로 한마디 말을 덧붙였다.

"이분은 우리 인류 역사에 영원히 남을 것입니다."

▼ 영원한 노예의 아버지, 평화와 자유의 등불, 링컨의 마지막 순간

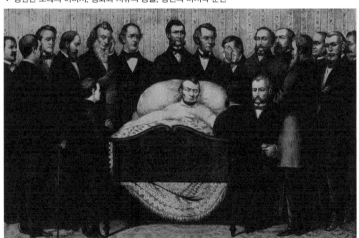

성조기에 싸인 링컨의 시신은 급파된 장교들에 의해 신속하게 백악관으로 옮겨졌으며 미 전역의 모든 교회에서는 조종이 울리기 시작했다. 그리고 링컨은 수도 워싱턴에서 최후 매장지인 스프링필드 오크리지Oak Ridge 묘지로 옮겨져 안장되었다. 그 후 그의 영혼은 아직까지 우리 곁에서 영원히 살아 숨 쉬고 있는 것이다.

오늘날 미국인들뿐만 아니라 전 세계를 통틀어서도 역사상 가장 위대한 인물로 칭송받고 존경받는 대통령 에이브러햄 링컨, 그가 암살당한 지 150년이 넘었지만 아직까지도 링컨의 영향력과 위대함은 조금도 수그러들지 않고 있다. 수그러들기는커녕 오히려 새롭고 긍정적인 이미지로 우리 인류사 전체에 큰 위대함으로 다가오고 있다. 한마디로 그를 평가한다면 링컨은 인간에 대한 선의good will를 가진 사람이었다.

그는 참혹하게 살아가던 노예들의 아버지였을 뿐만 아니라 모든 인류의 진정한 아버지이기도 하다. 그가 사랑했던 평화와 자유는 오늘날 우리에게도 큰 등불이 되어 이 땅을 환하게 비추어주고 있다.

누구보다도 어려운 환경 가운데서 태어났지만 하나님에 대한 확고한 믿음을 가지고 자신을 만들어가려고 최선의 삶을 산 링컨. 그는 자신의 결점과 시련을 극복하고 미국이 국가로서 존속하는 데 필요한 모든 일을 이루어낸 위대한 대통령이었다. 위대한 일을 이루기 위해서는 자신의 희생이 요구된다는 역사적 진리를 몸소 보어준 그의 숭고한 삶은 미국 역사와 함께 우리 가슴속에도 영원히 살아 숨 쉴 것이다.

자, 이제 우리 모두가 다시 한번 생각해보자. 그가 죽은 지 150년이 넘는 세월이 흘렀지만 왜 이토록 전 세계의 대통령들, 그리고 수많은 국민이 아직도 에이브러햄 링컨과 같은 지도자의 삶을 따르기를 원하는가?

그것은 링컨이 전쟁으로 인하여 몰가치적으로 사라질 수 있는 선의의 인간 본성들과 자유, 평등, 관용, 정직, 겸손, 용서, 소통, 협력, 통합, 감사의 삶을 살아냈기 때문이다. 그 같은 숭고한 목적에 대해 마지막 순간까지 열정을 다해 우리 모두에게 진실한 삶의 꽃씨를 뿌렸기 때문이다.

링컨과 같은 진실한 대통령이 우리 대한민국에서도 탄생되기를 간절히 기도해본다. 링컨 대통령처럼 흔들리지 않는 강력한 리더십으로 법치주의와 자유민주주의를 확립하는 대통령을 고대해본다. 세대 간, 지역 간, 당파 간, 좌우 간 반목과 갈등을 종식하고 약자의 아픔을 대변하는 대통령을 기대해본다.

모든 국민이 법의 보호 속에서 평화롭게 살아가는 자유민주국가, 모두가 함께 웃고 위로하고 격려할 수 있는 행복한 사회를 만들 대통령이 탄생하기를 소망한다. 더 나아가 우리 대한민국을 강력한 경제대국으로 발전시켜 대기업뿐 아니라 중소기업, 자영업

자, 근로자 등 모든 국민이 풍요롭게 잘사는 일등국가로 만들어나
갈 대통령, 이러한 이상과 꿈을 품고 진실하게 헌신하는 대통령이
탄생되기를 나뿐 아니라 온 국민은 간절히 바랄 것이다.

부디 링컨과 같은 지도자가 이 땅에 세워지기를 간구한다.

| 링컨의 요약된 삶(연보) |

• **1806년 6월 12일**

아버지 토머스 링컨과 어머니 낸시 행크스가 감리교회 제시 헤드 목사의 주
례로 결혼하다. 부모님은 두 분 다 버지니아의 평범한 집안, 이류 가문 출신
이었다.

• **(출생) 1809년 2월 12일**

켄터키 라루 카운티 호젠빌에서 개척민의 아들로 태어나다. 미국이 독립한
지 33년 되던 해였다. 두 살 많은 누나 사라와 함께 자라다. 생존과 배움을
위해 혹독한 가난과 싸우며 안간힘을 써야만 했다.

• **(8세) 1816년**

인디애나주로 이사하다. 아버지의 파산으로 인디애나에서 켄터키로 쫓겨나
다. 그곳도 사람이 살기에는 척박한 환경이었다. 그처럼 열악한 곳에서 성장
기를 보내다.

• **(10세) 1818년 10월**

링컨의 나이 열 살 때 어머니가 우유병으로 35세의 젊은 나이로 세상을 떠나
다. 우유병이 확산되자 링컨 가족은 일리노이주에 있는 메이콘의 국유지로
이주한다.

• **(11세) 1819년**

아버지 토머스가 어릴 적 소꿉친구 사라 부시 존스톤과 재혼한다.

• **(18세) 1826년**

누나 사라가 아론 그릭스비와 결혼하다.

• (20세) 1828년

가장 아끼고 사랑했던 누나가 산고의 고통을 이기지 못하고 죽는다.

젊은 시절까지 링컨은 농장에서 일한다.

그해 뉴올리언스에서 흑인노예의 참상을 처음으로 목격한다.

성인이 되었을 때까지도 링컨은 아는 것이 그리 많지 않았다.

• (22세) 1830년

인디애나주에서 일리노이주로 이사한다.

• (23세) 1831년

일리노이 뉴살렘에서 가게를 운영하지만 첫 사업 실패로 파산한다.

그때부터 틈틈이 지식을 쌓기 위해 놀라우리만치 노력을 쏟기 시작하다.

그레이엄 선생님의 집에 머물면서 그의 도움을 많이 빚게 된다.

• (24세) 1832년

인디언 토벌을 위해 블랙호크 전쟁에 민병대장(대위)으로 참전한다.

처음으로 나간 주의회 의원 선거에서 낙선한다. 13명의 후보 중에서 8위를 했다.

• (25세) 1833년

친구 윌리엄 베리 때문에 어쩔 수 없이 다시 사업을 맡았지만 또다시 파산한다. 무려 17년간 빚을 갚아나간다. 망한 후 우체국 일을 하면서 측량기사 시험에 합격한다.

• (26세) 1834년

측량기사 일을 하며 일리노이 의회의 의원에 당선된다.

- **(28세) 1836년**

주의회 의원에 재선된다. 바라던 변호사 시험에 단 한 번만에 합격한다.

- **(29세) 1837년**

일리노이 스프링필드로 이사한다. 그곳에서 친구 존 스튜어트와 공동법률사
무소를 개설한다.

8년간 일리노이 의회의 의원으로 지낸다.

여러 해 동안 순회재판소를 돌기도 했다. 그의 동료 변호사는 "링컨의 야망
은 휴식을 모르는 작은 엔진"이라고 평가했다.

- **(30세) 1838년**

주 의원에 당선(3선)되지만 의회 의장직에는 낙선한다.

- **(32세) 1840년**

주 의원에 당선(4선)되지만 정부통령 선거위원에는 낙선한다.

- **(34세) 1842년 12월 4일**

메리 토드와 결혼한다.

슬하에 네 명의 아들을 두었다. 이들 중 셋은 어려서 목숨을 잃는다.

- **(35세) 1843년**

하원의원 선거에서 낙선한다. 맏아들 로버트 링컨이 태어나다.

로버트 링컨은 훗날 비즈니스의 세계에서 당대 최고의 저명한 기업인이 되다.

- **(36세) 1844년**

하원의원 공천에서 탈락한다(그때는 공화당이 아닌 휘그당이었다).

- **(38세) 1846년**

하원의원에 당선된다. 둘째 아들 에드워드 링컨이 태어나다.

- **(40세) 1848년**

하원의원 재선거에서 낙선한다. 하원의원 공천을 함께 공동 법률사무 일을 했던 로건에게 넘긴다.

- **(41세) 1849년**

5년 동안 정치를 그만두고 스프링필드에서 인권, 철도 변호사 일에만 전념한다.

- **(42세) 1850년**

둘째 아들 에드워드기 시망한디. 셋째 아들 윌리엄 링컨이 테어난다.

- **(43세) 1851년**

아버지 토머스 링컨이 세상을 떠난다.

- **(45세) 1853년**

넷째 아들 토머스 링컨이 태어난다(아버지의 죽음을 기리기 위해 아들 이름을 토머스라고 지었다).

- **(46세) 1854년**

토지 담당 공무원직에 지원했다가 탈락한다.

- **(47세) 1855년**

상원의원에 처음 도전하여 낙선한다.

- (48세) 1856년

공화당 부통령 후보로 경선에 나가 단 100표 차로 패한다.

- (50세) 1858년

상원의원 선거에서 스티븐 A. 더글러스와 맞붙어서 패한다. 하지만 더글러스와의 치열한 논쟁 과정에서 노예제도 반대 연설로 하루아침에 일약 전국구 스타가 된다.

- (52세) 1860년

그 여세를 몰아 결국 시카고에서 열린 공화당 전당대회에서 대통령 후보로 지명된다.
11월 6일, 다소 젊은 52세의 나이에 미국의 제16대 대통령으로 당선된다.

- (53세) 1861년

대통령에 취임하자마자 공화당을 강력한 국가적 기구로 재편한다.
그해 링컨이 대통령에 취임(3월 4일)하기 한 달 전인 2월 9일 연방을 탈퇴한 7개 주가 남부연합을 결성한 후 대통령으로 제퍼슨 데이비스를 전격 선출한다.
링컨은 탈퇴한 남부연합을 무효로 선언한다.
4월 12일 남북전쟁이 터진다. 북부 민주당 세력 대부분을 포섭하여 연방을 수호하려는 자신의 대의명분에 동참하도록 설득한다. 가장 아끼던 국방부장관 더글러스가 49세로 사망한다(30일간의 조의 표명을 공포한다).

- (54세) 1862년

후임으로 에드윈 스탠턴을 국방부장관으로 임명한다. 노예해방 예비 선언을 공포한다. 셋째 아들 윌리엄이 12세의 어린 나이로 세상을 떠난다.

• (55세) 1863년 1월 1일

신년 첫날 남부연합 내의 모든 노예를 영구히 해방시키는 노예해방령을 선
포한다. 7월 15일에 승리 감사 선언문을 발표하고 미국의 추수감사절을 11
월 26일로 제정해 발표한다.

그 당시 허용되지 않았던 흑인 입대를 결정한다.

11월 19일, 게티즈버그 전투 희생자들의 묘지 봉헌식에 참석해 "국민의, 국
민에 의한, 국민을 위한" 민주주의 실현이라는 세계적인 명연설을 한다.

• (56세) 1864년

호주가인 그랜트 장군을 총사령관직에 임명한다. 연방군의 잇단 승리로 종
전이 가까워오던 1864년, 민주당의 후보 조지 맥클레런을 가볍게 물리치고
대통령 재선에 성공한다.

• (57세) 1865년

노예제 폐지 헌법 수정 13조 개정 법령을 승인한다.

3월에 대통령에 취임한다.

4월 9일 남군의 로버트 리 장군이 항복을 선언한다.

4년간의 남북전쟁에서 61만 8천 명의 사망자를 내다.

이틀 후 남부 재건을 위한 대국민연설을 한다. 평화 정착을 위한 구상에서
유연하고 관대한 정책을 펼친다. 남부인들로 하여금 무기를 버리고 연방의
재통합 과정에 신속히 동참할 것을 요청한다.

그로부터 3일 후 1865년 4월 14일 성 금요일, 워싱턴에 있는 포드 극장에서
남부연합에서 활동하고 있던 배우 존 윌크스 부스에게 암살당한다.

다음 날 아침 4월 15일 오전 7시 22분에 세상을 떠난다. 일리노이주 스프링
필드 오크리지 묘지에 안장된다. 1865년 5월 4일 아침이었다.

| 참고도서 |

- 김동길, 《링컨의 일생》, 샘터, 2001
- 김형곤, 《원칙의 힘》, 살림Biz, 2007
- 노무현, 《노무현이 만난 링컨》, 학고재, 2001
- 더그 위드, 《대통령의 자식들》, 중심, 2004
- 박정기, 《남북전쟁 상, 하》, 삶과꿈, 2002
- 에밀 루드비히, 《링컨의 생애》, 해누리, 2007
- 이주영, 《미국사》, 대한교과서, 1988
- 전 광, 《백악관을 기도실로 만든 대통령》, 생명의말씀사, 2003

- Carl Sandburg, *Abraham Lincoln: The Prairie Years*, Sterling, 2007
- David Herbert Donald, *Lincoln*, Simon and Schuster, 1996
- Doris Kearns Goodwin, *Team of Rivals: The Political Genius of Abraham Lincoln*, Simon & Schuster, 2005
- Donald Phillips, *Lincoln on Leadership*, eBook, BusinessNews Publishing, 2014
- Harrison, *Lincoln of Kentucky*, University Press of Kentucky. Lowell Hayes, 2000
- Harold Holzer, *Lincoln at Cooper Union: The Speech That Made Abraham Lincoln President*, Simon & Schuster, 2004
- Harold Holzer, *Lincoln and the power of the press*, First Simon & Schuster hardcover edition, 2014
- Julie M. Fenster, *The Case of Abraham Lincoln*, Palgrave Macmillan Pub, 2007
- John Channing Briggs, *Lincoln's Speeches*, The Johns Hopkins University Press, 2005

- Lamb, Brian; Susan Swain, editor, *Abraham Lincoln: Great American Historians on Our Sixteenth President*, Publicaffairs, 2008
- Randall, J. G, Lincoln, *The President: Last Full Measure*, University of Illinois Press, 1999
- Stephen Mansfield, *Lincoln's battle with God*, Thomas Nelson, 2012
- Shelby Foote, *The Civil War: A Narrative-Red River to Appomattox*, Random House, 1974
- Thomas, Benjamin, *Abraham Lincoln: A Biography*, Southern Illinois University, 2008
- Webb Garrison, *The Lincoln No One Knows*, Rutledge Hill Press, 1993
- White, Jr. Ronald, A. *Lincoln: A Biography*, Random House, 2009

참고도서

링컨 리더십 체크 리스트

	그렇다	보통이다	아니다
1. 정직한 사람인가?	☐	☐	☐
2. 책을 가까이 두는가?	☐	☐	☐
3. 유머 감각이 있는가?	☐	☐	☐
4. 감사하는 말을 자주 쓰는가?	☐	☐	☐
5. 소통을 잘하는가?	☐	☐	☐
6. 맞지 않는 사람도 포용할 줄 아는가?	☐	☐	☐
7. 의지할 만한 멘토가 있는가?	☐	☐	☐
8. 주변에 믿을 만한 친구가 많이 있는가?	☐	☐	☐
9. 겸손한 사람인가?	☐	☐	☐
10. 긍휼한 마음을 가지고 있는가?	☐	☐	☐
11. 일을 함에 있어서 사명감을 가지고 있는가?	☐	☐	☐
12. 평면적이 아닌 입체적인 사고를 하는가?	☐	☐	☐
13. 분노 조절을 잘하는가?	☐	☐	☐
14. 약자들을 위하는가?	☐	☐	☐
15. 경제에 대한 적절한 안목을 갖추었는가?	☐	☐	☐
16. 조급해하지 않는가?	☐	☐	☐
17. 기회를 만들어갈 줄 아는가?	☐	☐	☐
18. 인내심이 있는가?	☐	☐	☐
19. 신념이 있는가?	☐	☐	☐
20. 미래에 대한 비전을 갖추었는가?	☐	☐	☐